DIE SCHÖNSTEN

Der Donau-Radweg

Von der Quelle bis Passau

Bernhard Irlinger

Mit Extra-Tourenheft
zum Mitnehmen

BRUCKMANN

INHALT

ALTERNATIVWEG DURCH DAS ALTMÜHLTAL

DURCH DAS URDONAUTAL ZUR ATLMÜHL

VON REGENSBURG NACH PASSAU

ABSTECHER ZUM ISARRADWEG

ABSTECHER VON PASSAU IN DAS INNTAL

RADELN AN DER DONAU

Auf einer Länge von zirka 600 Kilometern verbindet der gut ausgeschilderte Donau-Radweg Donaueschingen mit Passau. Von Jahr zu Jahr werden es mehr Radfahrer, die sich auf die lange Reise entlang der deutschen Donau begeben. Sie werden nicht enttäuscht, denn hier wird das Schlagwort Genussradeln mit Leben erfüllt. Großteils auf schmalen Straßen oder Radwegen geht es am Fluss entlang, denn kaum zehn Prozent der Strecke folgen stärker befahrenen Straßen. Trotzdem läuft der Weg zu 80 Prozent auf kraftschonendem Teerbelag und nur 20 Prozent entfallen auf unbefestigte Wirtschafts- und Radwege. Da zirka 95 Prozent der Strecke über ebenes Gelände verlaufen, muss man nur selten mit meist kurzen Anstiegen rechnen. Es bleibt also genügend Muße, die landschaftlichen Reize zu genießen.

Der Donau-Radweg ist in diesem Führer ebenso wie die Abstecher an die Donaunebenflüsse in Abschnitte von zirka 30 bis 50 Kilometern zerlegt. Diese Distanzen bieten ausreichend Zeit und Raum, um mit Muße die jeweilige Strecke zu erfahren. Als Endpunkte der einzelnen Etappen wurden größere Orte gewählt, die meist eine breitere Auswahl an Unterkünften bereithalten. Außerdem bieten diese Städte mit diversen kulturellen Sehenswürdigkeiten, mit Museen und zahlreichen gastronomischen Betrieben eine bunte Angebotspalette für die Nachmittags- und Abendstunden, in denen man sich von der Tour erholt. Selbstverständlich ist diese Etappengliederung nur ein Vorschlag. Da alle Unterkünfte bzw. Tourist-Informationen entlang der vorgestellten Etappen aufgelistet sind, kann sich jeder seine Radtouren nach seinem ganz persönlichen Geschmack und nach seiner Kondition zusammenstellen.

Bei Hausen wacht Schloss Werenwag über das Donautal.

Zeit und Geschwindigkeit werden auf einer Radreise entlang der Donau und ihrer Nebenflüsse zu unter-

geordneten Begriffen. Immer wieder wird man hier anhalten, um die vielfältigen Eindrücke in sich aufzunehmen. Mal spiegeln sich auf der blauen Wasserfläche Burgen und Felszinnen, die über dem tief eingeschnittenen Tal aufragen. Dann wieder glitzert der breite Strom, der träge durch eine weite Ebene fließt, im Licht der Sommersonne. Jede Jahreszeit bietet ihre eigenen Reize. Im Frühjahr radelt man durch bunt blühende Wiesen, im Sommer genießt man nach lähmender Hitze ein kühles Bad und an Herbsttagen verzaubern Nebelschwaden, die um Burgen und Städte kriechen, die Täler und Hügel.

Die Steilflanken der Schwäbischen Alb rücken immer enger zusammen.

Und neben einer vielfältigen Natur bietet gerade der Donauraum eine unübersehbare Fülle kultureller Sehenswürdigkeiten. Wie an einer Perlenschnur sind die altehrwürdigen Städte aufgereiht, deren einstige Macht und Größe sich an ihren mittelalterlichen Bauwerken ablesen lässt. Burgen und Schlösser, Kirchen, Klöster und archäologische Sehenswürdigkeiten aus mehreren Jahrtausenden locken immer wieder zu einem Abstecher oder einem Zwischenstopp und lassen kurze Etappen zu einer tagesfüllenden Tour werden. Man stößt auf die Spuren von Steinzeitmenschen, Kelten und Römern und fühlt sich in den alten Städten mit ihren verwinkelten Gassen, in Klöstern und Burgen in das Mittelalter zurückversetzt. Renaissance-Schlösser und die Vielzahl prächtiger gotischer und barocker Kirchen runden die Reise in die Geschichte ab.

Der mittelalterliche Bergfried beherrscht den Burghügel von Pappenheim.

Wer die Nebenflüsse der Donau entdecken möchte, der findet in diesem Führer einige Alternativrouten beschrieben. Eine zweitägige Rundtour leitet an den Quellflüssen Brigach und Breg zu deren Quellen, die inmitten dicht bewaldeter Schwarzwaldhöhen liegen. Mit der Bregquelle erreicht man hier den Punkt der Donau, der am weitesten von der Mündung in das Schwarze Meer entfernt ist. Ein kurzer Tagesabstecher führt von Passau auf dem Inntalradweg zur österreichischen Barockstadt Schärding. Hier lernt man das malerische Durchbruchstal des Inn kennen, durch das dieser wasserreiche Alpenfluss der Donau zustrebt.

Mittelalterliche Burg und barocke Mariensäule in Wernstein.

Eine längere Route leitet von Donauwörth auf dem Radweg Romantische Straße durch das Wörnitztal nach Nördlingen und anschließend über die Höhen der Fränkischen Alb in das Altmühltal, durch das uns der Altmühlradweg zurück zur Donau bringt. Herrliche Städte wie Nördlingen und Eichstätt, malerische Burgen und die großartigen Landschaften des Nördlinger Rieses und des engen Altmühltals garnieren diese Route. Eine kürzere Alternative bietet der

Geheimnisvoll schimmert bei Blaubeuren die sagenumwobene Karstquelle des Blautopf.

Weg durch das so genannte Wellheimer Trockental, durch das einstmals die Donau floss und das vom Donau-Radweg nach Dollnstein im Altmühltal leitet.

Die zweite große Alternativschleife läuft von Straubing zur niederbayerischen Metropole Landshut und entlang der Isar zurück zur Donau. Dort bezaubert das beschauliche Tal der Kleinen Laber, ehe man die herrliche Altstadt von Landshut mit ihrem himmelhohen Backsteinmünster erreicht, die von der mächtigen Burg Trausnitz bewacht wird. Der ruhige Isar-Radweg leitet dann zur Isarmündung in die Donau, die mit ihren ursprünglichen Auwäldern ein einmaliges Rückzugsgebiet für seltene Tierarten bildet. Die längeren Abstecher lassen sich mit dem Donau-Radweg hervorragend zu mehrtägigen Rundtouren verknüpfen.

Neben den detaillierten Wegbeschreibungen und exakten Karten liefert dieser Führer eine Fülle übersichtlich angeordneter Zusatzinformationen. Im Vor- und Nachspann zu jeder Tour findet man die notwendigen Tipps, um eine Radreise entlang der Donau und ihrer Nebenflüsse ohne große Vorbereitungen gestalten zu können.
Das herausnehmbare Tourenheft kann problemlos in einer Kartentasche oder auf der Lenkertasche mitgeführt werden. Es bietet neben den Karten zu jeder Etappe eine Wegbeschreibung in Kurzform, die umständliches Blättern überflüssig macht. Der Donau-Radweg wählt immer die schönsten Wegmöglichkeiten, daher ist er voller winziger Abzweigungen, die in einer Vereinfachung nicht darstellbar sind. An vielen Stellen ist die Tourenwiedergabe daher generalisiert; auf der Tour folgt man hier einfach der Wegweisung.

Die Vielfalt der Landschaft

Für die Tatsache, dass Flussläufe keine unveränderlichen Gegebenheiten sind, finden wir auf unserem Weg entlang der Donau mehrere Zeugnisse. Wie jedes Schulkind weiß, bilden heute Brigach und Breg, die beide im mittleren Schwarzwald

Das Wellheimer Trockental ist nicht so trocken wie der Name vermuten lässt.

entspringen, die Quellflüsse der Donau. Nahe Donaueschingen vereinigen sie sich zur Donau, die als zweitlängster Strom Europas nach 2860 Kilometern an der rumänischen Küste in das Schwarze Meer mündet. Noch in der letzten Eiszeit jedoch entsprang die Donau weiter im Westen an den Hängen des höchsten Schwarzwaldberges, des Feldberges. Doch der tief liegende Rhein stattet seine Nebenflüsse mit starkem Gefälle, also starken Erosionskräften aus. So konnte die Wutach vor zirka 70 000 Jahren die so genannte Feldbergdonau anzapfen und in einer tief eingeschnittenen Schlucht deren Wasser zum Rhein umleiten.

Auf dem Weg der Donau nach Osten finden wir schon nach wenigen Kilometern einen weiteren Hinweis darauf, dass die an Gefälle arme Donau dem Rhein und seinen Nebenflüssen unterlegen ist. Bei Immendingen versickert ein Großteil des Donauwassers im verkarsteten Untergrund, tritt mehrere Kilometer südlich in der stärksten Karstquelle Deutschlands, dem Aachtopf, wieder zutage und fließt dann zum Rhein.

In einem mächtigen Durchbruchstal, das das Herzstück des malerischen Naturparks Obere Donau bildet, zwängt sich die Donau durch die Schwäbische Alb. Tief hat sich hier der Fluss, der bis vor 70 000 Jahren ein größeres Einzugsgebiet besaß und damit bedeutend wasserreicher war, in die Jurafelsen eingegraben. Noch einmal zahlt hier die Donau dem Rhein Tribut, denn bei Fridingen versickert erneut ein Teil ihres Wassers im Untergrund. Mit den steilen Talhängen, über denen helle Kalkzinnen aufragen, mit den zahlreichen, teils gut erhaltenen Burgen und Schlössern, die auf das Tal herabschauen und dank des gut angelegten Radweges, der dem verschlungen Lauf der Donau folgt, zählt dieser Abschnitt zweifellos zu den landschaftlichen Höhepunkten am Donau-Radweg.

Nach Sigmaringen wechselt der Flusslauf an den Südrand der Schwäbischen Alb und führt durch weite Tallandschaften nach Osten. Der Wandel, dem der Lauf der Donau unterworfen ist, wird zwischen Ehingen und Ulm ein weiteres Mal deutlich. Einstmals, ehe sie ihren heutigen Weg am Südrand der Alb fand, schnitt die Donau das mächtige Tal in die Juraberge, durch das heute die Blau nach Ulm und die Schmiech nach Ehingen fließen. Bei Schelklingen und bei Blaubeuren liegen zwei enge Talschleifen der ehemaligen Donau, in denen immer noch die sagenumwobenen, geheimnisvoll leuchtenden Karstquellen des wenig beachteten Aachtopfes beim ehemaligen Kloster Urspring

In Dietfurt überragt die Burgruine auf steilem Fels die Donau.

In Neuburg an der Donau zieht das mächtige Renaissance-Schloss die Blicke auf sich.

und des berühmten Blautopfes in Blaubeuren jeden Besucher begeistern.

Zwischen Ulm und Weltenburg sucht sich die Donau ihren Weg durch eine ebene, weit ausladende Tallandschaft, die dank der wenigen Anstiege genussvolles Radeln erlaubt. Eine Alternativroute führt uns von Donauwörth in das Nördlinger Ries. In einem gigantischen Inferno entstand dieses nahezu kreisrunde Becken, das heute die Schwäbische von der Fränkischen Alb trennt, als vor zirka 15 Millionen Jahren ein riesiger Meteorit einschlug. Im Rieskrater-Museum in Nördlingen kann man sich dazu ein anschauliches Bild von der einstigen Katastrophe machen.

Vom Ries führt die Route dann über die bewaldeten Höhen der Fränkischen Alb nach Treuchtlingen. Das malerische Tal der Altmühl gibt anschließend den Weiterweg vor. Am Weg liegt Solnhofen mit seinen berühmten Steinbrüchen. Welche Schätze das plattige Juragestein bereithält, kann man hier im Bürgermeister-Müller-Museum bestaunen, in dem unter anderen eine der seltenen Versteinerungen des berühmten Urvogels Archäopteryx ausgestellt ist.
Im nahen Dollnstein stößt man auf einen weiteren Beleg für den Wandel, dem die Landschaft unterliegt. An dieser Stelle mündet von Süden das Wellheimer Trockental ein, durch das einstmals die Donau floss. Bei Dollnstein änderte sie die Richtung und grub das

Ein Abstecher zum Kloster in Zwiefalten mit seiner herrlichen Barockkirche.

Zum wichtigen Faktor wurden bald die großen Städte, die zunehmend an Macht und Einfluss gewannen, sich von den einstigen kirchlichen und feudalen Herrschern lösten und zu Freien Reichsstädten aufstiegen.
Unter dem Motto »Stadtluft macht frei« suchten gerade die Tüchtigsten ihr Glück in den mittelalterlichen Metropolen. Städte wie Ulm brachten es durch Handwerk und durch ihre weitreichenden Handelsbeziehungen zu ungeahntem Reichtum, den sie selbstbewusst im Bau stolzer Rathäuser und riesiger Kirchen zur Schau stellten. Neben dem Handel blühte die Kultur und Künstler schufen in der Gotik mit Pinsel und Schnitzmesser unvergleichliche Werke. Mit der Entdeckung Amerikas und der allmählichen Verschiebung der Handelsströme verloren die Städte nach und nach an Macht. Im 17. Jahrhundert versetzte der Dreißigjährige Krieg der kulturellen Hochblüte den endgültigen Todesstoß. Katholische und protestantische Truppen führten einen gnadenlosen Krieg. Plünderungen und Verwüstungen waren über Jahrzehnte an der Tagesordnung und hinterließen ein ausgeblutetes Land.

Die 1146 erbaute Steinerne Brücke führt über die Donau zur Altstadt von Regensburg.

Ende des 17. Jahrhunderts gewannen der Adel und die Kirche als absolutistisch regierende Herrscher wieder alten Einfluss zurück. Dem damit verbundenen kulturellen Aufschwung verdanken wir die barocken Kirchen, Klöster und Schlösser, die bis heute das Bild Süddeutschlands entscheidend mitprägen. Mit der Aufklärung und der Eroberung Süddeutschlands durch Napoleon fand diese Epoche auch im Donauraum ihr Ende. Die Kleinstaaten wurden durch neue Grenzziehungen in größere Länder integriert und die meisten Klöster fielen der Säkularisation zum Opfer. Das Leben verlief nun in ruhigen, geordneten Bahnen und die Städte wurden nach und nach wieder zu den Zentren der wirtschaftlichen Entwicklung.
Bedeutenden Einfluss auf die Donau nahm der Mensch vor allem seit dem letzten Jahrhundert. Stauwerke zur Regulierung des Wasserabflusses und zur Stromgewinnung wurden errichtet und

die Schifffahrt forderte ihr Recht auf Mindestwassertiefen ein. Schon um das Jahr 800 versuchte Karl der Große nahe Treuchtlingen einen Verbindungskanal zwischen den Flussgebieten von Donau und Rhein zu schaffen. Im 19. Jahrhundert ließ Ludwig I. von Bayern zwischen Donau und Main einen Kanal erbauen, der jedoch kaum genutzt wurde. Heute verbindet der moderne Rhein-Main-Donau-Kanal die beiden Fluss-Systeme. Bis Kelheim ist die Donau zur wichtigen internationalen Wasserstraße geworden und der einstmals umstrittene Kanal läuft von dort weiter durch das untere Altmühltal nach Norden. Gegen einen weiteren Ausbau der Donau in Niederbayern regt sich nun allerdings Widerstand.

Die schönsten Städte

Das vom Hohenzollernschloss bewachte Sigmaringen (Tour 4).
Das vom himmelhohen Münsterturm überragte Ulm (Tour 7).
Blaubeuren mit seinem Kloster nahe der geheimnisvollen Blauquelle (Tour 8).
Das rund um die ehemalige Jesuiten-Universität von barocker Pracht geprägte Dillingen (Tour 10).
Donauwörth mit seinen herrlichen Bauwerken entlang der Reichsstraße (Tour 11).
Neuburg mit seinem prächtigen Renaissance-Schloss (Tour 12).
Die alte bayerische Residenzstadt Ingolstadt (Tour 13).
Die herrliche, vom gotischen Dom bewachte Altstadt von Regensburg (Tour 15).
Die perfekt erhaltene und von einem geschlossenen Mauerring eingefasste Altstadt von Nördlingen (Tour 16).
Die alte Bischofsstadt Eichstätt mit dem wertvoll ausgestatteten Dom (Tour 18).
Landshut mit der vom Münster überragten Altstadt, auf die die mächtige Burg Trausnitz herabschaut (Tour 27).
Die vom Barock geprägte Dreiflüssestadt Passau (Tour 25).

Das richtige Rad

Die beschriebenen Radtouren führen alle entlang der Donau und ihrer Nebenflüsse durch ideales, nahezu steigungsfreies Terrain für genussvolle Radtouren. Auf etwas stärkere Anstiege trifft man lediglich bei den Touren 2 und 17, die über die Höhen des östlichen Schwarzwaldes und der Fränkischen Alb führen. Da selbst auf diesen Etappen nur auf kürzeren Wegstrecken steilere Anstiege zu überwinden sind, sind die heute üblichen, mit meh-

Am besten erkundet man die verwinkelten Gassen in Regensburg mit dem Fahrrad.

reren Gängen ausgestatteten Sport- und Trekkingräder für die beschriebenen Radwanderungen mehr als ausreichend. Abzuraten ist von Rennrädern mit schmalen Reifen, da die Touren immer wieder über unbefestigte Wege führen.
Gute Packtaschen und ein kleines Ersatzteilsortiment bieten auf einer längeren Radreise den nötigen Komfort und die Sicherheit, kleinere Pannen selbst beheben zu können. Wenn irgend mög-

In Ehingen lockt der originelle Brunnen auf dem Marktplatz zu einer Rast.

lich, sollte man für eine längere Radreise sein eigenes Fahrrad benutzen, das man zuvor perfekt auf seine individuellen Bedürfnisse einstellen kann.
Die Bahn bietet gerade entlang der Donau und ihrer Nebenflüsse ausreichend Möglichkeiten für An- und Rückreise auch mit dem Fahrrad. Auf kürzeren Strecken kann das Rad in Regional- und Eilzügen im dafür vorgesehenen Radabteil selbst eingeladen werden. Auf längeren Strecken ist eine Reservierung für das

Fahrrad nötig, das vom Bahnpersonal eingeladen wird. Es muss in jedem Fall eine Radkarte gelöst werden. Informationen erhält man an jedem Bahnhof oder telefonisch von der Deutschen Bahn Hotline, Tel. 0180/319 41 94.

Fahrradverleih

Grundsätzlich ist das eigene Fahrrad einem geliehenen vorzuziehen. Sollte man dennoch auf ein Leihrad angewiesen sein, bieten

Bunte Hausfassaden und verspielte Erker in Schärding.

in vielen Orten entlang der Strecke private Verleiher Fahrräder an. Die Räder müssen jedoch am Verleihort wieder abgegeben werden, scheiden also für die Durchführung einer Radreise entlang der Donau aus. Als Alternative bietet sich vor allem die Deutsche Bahn an, deren Räder an den Bahnhöfen am Zielort wieder abgegeben werden können. Für nähere Auskünfte steht die Deutsche Bahn Hotline zur Verfügung, Tel. 0180/319 41 94. Nachfolgend sind die Radverleihstationen der Deutschen Bahn entlang der beschriebenen Routen aufgeführt:
Bahnhof Immendingen, Tel. 07462/62 07,
Bahnhof Deggendorf, Tel. 0991/40 68,
Bahnhof Passau, Tel. 0851/530 43 97,
Bahnhof Landshut, Tel. 0871/642 82.

Einkehr und Übernachtung

In nahezu allen Dörfern und Städten entlang der beschriebenen Radwege bieten Gasthöfe die Möglichkeit für eine erfrischende Einkehr und das Kennenlernen der regionalen Küche. Übernachtungsmöglichkeiten in Hotels, Gasthöfen und Pensionen sind aus Platzgründen nur aufgeführt, wenn am Ort maximal zwei Beherbergungsbetriebe vorhanden sind. Bei Preisunterschieden sind die preiswertesten Unterkünfte am Schluss genannt. Die Telefonnummern erleichtern es, am Zielort ein Zimmer vorzubestellen. Alle aufgeführten Betriebe sind auf Radfahrer eingestellt und vermieten die Zimmer auch für eine einzige Übernachtung. In Orten mit einer größeren Anzahl von Gaststätten wende man sich bitte an die im Anhang zu jeder Tour aufgeführten Auskunftsstellen, die gerne ein Zimmer vermitteln. Preiswerte Unterkünfte in Jugendherbergen und ähnlichen Einrichtungen sind ebenso wie die Campingplätze entlang der Radwanderwege vollständig aufgelistet.

Wichtige Adressen

Die Adressen aller Informationsbüros entlang der beschriebenen Routen sind bei den Touren jeweils aufgeführt. Überregionale Auskünfte zum Donau-Radweg und den Abstechern entlang der Nebenflüsse erteilen:

Arbeitsgemeinschaft Deutsche Donau, Postfach 1540, 86620 Neuburg a. d. Donau, Tel. 08431/5 72 37;

Touristverband Ries, Marktplatz 1, 89720 Nördlingen, Tel. 09081/43 80 oder 8 41 16;

Informationszentrum Naturpark Altmühltal, Notre Dame 1, 85072 Eichstätt, Tel. 08421/67 33;

Tourismusverband Ostbayern, Luitpoldstr. 2, 93047 Regensburg, Tel. 0941/58 53 90.

An der Wörnitz liegt im Schatten der mächtigen Burg das Städtchen Harburg.

leicht

30 km

↑ 160 m
↓ 30 m

2 Std.

VON DONAUESCHINGEN NACH ST. GEORGEN

Donaueschingen – Brigachtal – Villingen – St. Georgen

Von Donaueschingen folgen wir dem sanft ansteigenden Tal der Brigach. Auf halbem Weg lockt die Altstadt von Villingen mit ihren engen Gassen und alten Bürgerhäusern zu einer Rast, ehe wir durch beschauliche Schwarzwaldlandschaft nach St. Georgen radeln.

S. 28/29: Die Silhouette von Ulm wird durch den Turm des Münsters bestimmt.

In Villingen werden an Markttagen regionale Produkte verkauft.

Tourenverlauf

Wir beginnen die Tour am **Bahnhof** von **Donaueschingen**. Gegenüber dem Bahnhof weist ein Radwegweiser nach links zum Brigachtalweg. Wir folgen der Hauptstraße am Bahngelände entlang nach links, bis diese auf die Brücke ansteigt, die über die Bahnlinie führt. Hier biegen wir rechts in die Käferstraße, die uns nach kurzer Fahrt über die Brigach leitet. Nach der Brücke zweigen wir links auf die Herrmann-Fischer-Allee ein, auf der wir ca. einen Kilometer an der Brigach entlang radeln. Dann schwenkt die Straße ansteigend in einem Bogen nach rechts vom Fluss weg und wir finden links den Beginn eines Radweges. Anfangs entlang der Brigach und dann neben der Bahnlinie führt uns dieser Weg durch das Tal.

Eine Bahnüberführung leitet bald links in das nahe Aufen. Wir fahren jedoch rechts der Gleise geradewegs weiter nach **Grüningen**. Hier überqueren wir die Bahnlinie und biegen nach wenigen Meter rechts in einen Seitenweg. Links der Gleise führt uns der Kiesweg bis zu einer Straße, die kurz vor Brigachtal die Bahnstrecke quert.

Tourencharakter: Auf Radwegen und Nebenstraßen führt diese Tour durch das sanft ansteigende Tal der Brigach ohne große Mühen über das malerische Villingen in den Schwarzwaldort St. Georgen.
Ausgangspunkt: Der Bahnhof von Donaueschingen.
Endpunkt: Der Bahnhof von St. Georgen.
Anreise und Rückfahrt: Donaueschingen liegt südwestlich der Ausfahrt Bad Dürrheim von der A 81 an der B 27 und ist gut mit der Bahn zu erreichen. Rückkehrmöglichkeit von St. Georgen nach Donaueschingen mit der Bahn.
Streckenverlauf: Brigachtal: 10 km, Villingen: 5 km, St. Georgen: 15 km.
Kombination: Dieser Weg lässt sich mit Tour 2 zu einer großzügigen Rundtour zu den Donauquellen verknüpfen. In Donaueschingen besteht Anschluss an den Donau-Radweg (Tour 3).
Wegweisung: Die Wegweiser des Brigachtalweges.
Karte: ADFC-Radtourenkarte 1 : 150 000, Blatt 24 »Schwarzwald – Oberrhein«.

Auf der schmalen Teerstraße radeln wir kurz nach links und biegen dann rechts in die Fortsetzung des Kiesweges, der uns nach **Brigachtal** führt. Dort leitet uns der Weg und dann eine Teerstraße links an der Bahnlinie entlang. Kurz nach dem Bahnhof schwenkt der Brigachtalweg von der Straße rechts auf einen geteerten Radweg ein, der weiterhin den Gleisen folgt. Der lang gezogene Ort Brigachtal bleibt jenseits der Bahnlinie. Kurz vor dem Ortsende erreichen wir einen Querweg, an dem sich der Brigachtalweg in zwei Varianten aufspaltet. Der rechte Weg über Marbach folgt anfangs einer viel befahrenen Straße.

Villingen
In einer seit der Steinzeit besiedelten Landschaft liegt die Stadt **Villingen**, die bereits im Jahre 999 die Marktrechte erhielt. Um 1100 entstand die regelmäßige, durch ein Straßenkreuz bestimmte Stadtanlage. Im 13. Jh. wurde Villingen Reichsstadt, deren Geschichte bis Anfang des 19. Jahrhunderts eng mit Österreich verbunden war. Die Altstadt von Villingen besticht durch die zahlreichen erhalten gebliebenen Bürgerhäuser, die von einem mittelalterlichen, mit Bastionen und Türmen bewehrten Mauerring eingefasst sind. Sehenswert sind vor allem das Liebfrauenmünster mit romanischen Portalen und herrlicher spätgotischer Steinkanzel, das alte Rathaus mit einer stadtgeschichtlichen Sammlung und das ehemalige Franziskanerkloster mit Museum, in dem die Funde des bedeutenden keltischen Fürstengrabes vom nahen Magdalenenberg ausgestellt sind. Im Winter wird in Villingen die historische Fastnacht mit typischen, seit alters her überlieferten Figuren gefeiert.

So wählen wir die linke, ruhigere Variante, die über Rietheim nach Villingen führt. Wir überqueren die Brigach, halten uns an einer Weggabelung rechts und radeln aufwärts an den Ortsrand von **Rietheim**. Wir wechseln geradewegs auf eine Straße, die uns zur Hauptstraße führt. Auf ihr fahren wir wenige Meter nach rechts und biegen dann links in die erste Seitenstraße. An der nächsten Weggabelung halten wir uns rechts und radeln bergauf aus Rietheim.

Der Brunnen in Donaueschingen erinnert an musikalische Veranstaltungen in der Stadt.

Vom Ortsrand lassen wir die Räder abwärts bis kurz vor eine viel befahrene Straße rollen. Hier biegen wir links in einen schmalen Teerweg, der uns in das nahe **Villingen** bringt. Dort wechseln wir geradewegs auf die Rietheimer Straße, auf der wir immer geradeaus radeln. Sie biegt bald nach rechts und endet an einer breiten Hauptstraße, auf der wir nach links fahren. Nach wenigen Metern teilt sich die Straße in zwei Einbahnstraßen auf. Wir folgen rechtshaltend der Schwedendammstraße, bis diese vor der Altstadt von Villingen an einer Querstraße endet. Auf dieser radeln wir kurz nach links und biegen dann rechts in die Niederer Straße ein, die eine der Hauptstraßenachsen in der **Altstadt von Villingen** ist. Wir schieben die Räder durch die großteils als Fußgängerzone ausgewiesene Altstadt von Villingen. Nach links lassen sich von hier Abstecher in die sehenswerten Gassen und

In Villingen erzählt der Geschichtsbrunnen Episoden aus längst vergangenen Tagen.

Tipp Wer in Villingen einen Zwischenstopp einlegen will, der findet in der romantischen Altstadt in der Bärengasse das Hotel Bären (Tel. 07721 / 555 41) und in der Rietgasse das Hotel »Am Franziskaner« mit ausgezeichnetem Restaurant (Tel. 07721 / 29 70).

zum zentral gelegenen Liebfrauenmünster unternehmen. Die Niedere Straße geht in die Obere Straße über und durch das Obere Tor verlassen wir die Altstadt.

Wir überqueren geradewegs die Ringstraße und radeln jenseits geradeaus zur Brigach. Nach dem Fluss überqueren wir eine Hauptstraße und folgen einer Nebenstraße, die nach links schwenkt, unter der breiten Straße hindurch leitet und dann an der Brigach entlangführt. Wir überqueren zweimal eine Vorfahrtsstraße. Jenseits der zweiten erreichen wir rechts nach wenigen Metern den Beginn eines schmalen Radweges. Dieser Kiesweg bringt uns links der Bahnlinie aus dem Ort.

Vor dem **Bahnhof Kirnach** stoßen wir auf eine Teerstraße, auf der wir rechts über die Bahnlinie fahren. Nach den Gleisen halten wir uns links und radeln auf dem angenehmen Sträßchen, vorbei am Gasthof Forelle, an der Bahnlinie entlang. Die dunklen Wälder und die felsigen Talhänge vermitteln hier

An den Bauernhöfen ist abzulesen, dass man sich im Schwarzwald befindet.

zum ersten Mal das Gefühl, im Schwarzwald zu sein. Nach ca. vier Kilometern quert die Straße die Gleise und an der nahen Kreuzung folgen wir geradewegs den Wegweisern des Brigachtalweges nach St. Georgen.
Vorbei an den verstreut liegenden Schwarzwaldhöfen von **Stockburg** leitet uns die Straße sanft ansteigend nach **Schoren**. Dort treffen wir nach der Bahnlinie auf die B 33, auf der wir nach links radeln. Ein Radweg entlang der vielbefahrenen Straße bringt uns über den Ortsteil **Peterzell** nach fünf Kilometern in das Stadtzentrum von **St. Georgen**. Wenige Meter links unterhalb der Bundesstraße liegt der Bahnhof von St. Georgen.

Essen und Trinken: In Aufen, Grüningen, Brigachtal, Villingen, Schoren und St. Georgen.
Unterkunft: Ein große Anzahl von Hotels und Gasthöfen in Donaueschingen. Mehrere Gasthöfe in Brigachtal. Eine große Auswahl an Hotels und Gasthöfen in Villingen und in St. Georgen.
Preiswerte Unterkunft: Villingen: Jugendherberge, St. Georgener Str. 36, Tel. 07721/54149.
Sehenswertes: Donaueschingen: Barocke Stadtkirche, Schloss, Fürstlich Fürstenbergische Sammlungen, Heimatmuseum; Villingen: Die gesamte Altstadt mit den alten Bürgerhäusern, der Stadtbefestigung, dem ehemaligen Franziskanerkloster und dem Liebfrauenmünster; St. Georgen: Das Heimat- und Phonomuseum und im Ortsteil Peterzell eine der ältesten Kirchen im Schwarzwald.
Tourist-Info: Donaueschingen: Fremdenverkehrsamt, Tel. 0771 / 85 72 21 und 85 72 23; Villingen: Verkehrsamt, Tel. 07721 / 82 23 40; St. Georgen: Touristinformation, Tel. 07724 / 871 94.

an-
spruchs-
voll

52 km

↑ 500 m
↓ 630 m

5 Std.

Von St. Georgen nach Donaueschingen

St. Georgen – Schönwald – Bregquelle – Furtwangen – Vöhrenbach – Hammereisenbach – Donaueschingen

Zwischen den Quellen von Brigach und Breg führt uns diese anstrengende Tour über die aussichtsreichen Höhenzüge und durch die sanften Wiesentäler des Schwarzwaldes. Dann öffnet das Tal der Breg einen einfachen Weg, der aus dem Gebirge zur Donau hinausleitet.

Tourencharakter: Anfangs auf Teerstraßen in anstrengendem Auf und Ab über die aussichtsreichen Höhenrücken des Schwarzwaldes, dann ab der Bregquelle ohne große Mühen durch das tief eingeschnittene Bregtal flussabwärts. Ab Furtwangen radelt man großteils auf stillen Radwegen.
Ausgangspunkt: Der Bahnhof in St. Georgen.
Endpunkt: Das Stadtzentrum oder der Bahnhof in Donaueschingen.
Anreise und Rückfahrt: St. Georgen liegt im östlichen Schwarzwald an der B 33 und der Strecke der Schwarzwaldbahn. Von Donaueschingen kann man problemlos mit der Bahn nach St. Georgen zurückkehren.
Streckenverlauf: Schönwald: 12 km, Furtwangen: 13 km, Vöhrenbach: 7 km, Wolterdingen: 14 km, Donaueschingen: 6 km.
Kombination: Lässt sich mit Tour 1 zu einer zweitägigen Runde zu den Quellen der Donau zusammenschließen.
Wegweisung: Anfangs örtliche Wegweiser, dann die Wegweiser des Bregtalweges.
Karte: ADFC-Radtourenkarte 1 : 150 000, Blatt 24 »Schwarzwald – Oberrhein«.

Tourenverlauf

Vom **Bahnhof** in **St. Georgen** fahren wir links auf der Industriestraße an den Gleisen entlang. Die Straße bringt uns im Bogen zu einer Straße hinauf, auf die wir rechts in Richtung Brigach einbiegen. Durch das Tal der **Brigach** und durch den gleichnamigen Ort leitet die Straße nur mäßig steil bergan. Dann beginnt ein etwa 800 Meter langer, sehr steiler Anstieg. Rechts unterhalb der Straße lohnt hier die malerisch neben einem Hof gelegene **Brigachquelle** einen kurzen Abste-

Von den Höhen des Schwarzwaldes führt der Weg in das Tal der Breg hinab.

cher. In einem Waldstück erreichen wir das Ende des steilen Berges und vorbei am Gasthof Hirzwald radeln wir nun wieder angenehmer zur Straßenkreuzung am **Kesselberg** hinauf. Wir halten uns rechts und folgen der nach Schönwald ausgeschilderten Straße, die in sanftem Auf und Ab über aussichtsreiche, 1000 Meter hohe Bergrücken läuft.

Über eine steile Abfahrt lassen wir dann die Räder nach **Schönwald** hinabrollen, das von einer Sprungschanze überragt wird. Hier wurde Franz Ketterer geboren, der um 1730 die berühmten Schwarzwälder Kuckucksuhren erfand. Am Ortsrand stoßen wir auf die B 500, die uns rechts durch den bekannten Erholungsort leitet. Nach Schönwald führt uns eine kurze Abfahrt zu einem kleinen Stausee hinab, nach dem wir links in die nach Schwarzenbach ausgeschilderte Straße einbiegen. Sanft ansteigend führt uns die schmale Straße durch das malerische Wiesental des Weißenbachs mit verstreut liegenden Schwarzwaldhöfen zum Kirchlein von **Weißenbach**. Von hier geht es durch Wald bergauf zum Parkplatz an der **Weißenbacher Höhe**. Unser Weg knickt nach links und führt uns zu einer Weg-

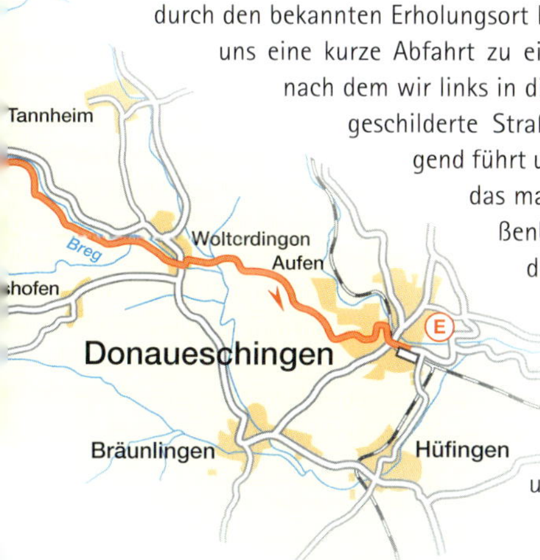

Viele Schwarzwald-Gemeinden setzen auf Gastlichkeit und Tradition.

kreuzung auf herrlich aussichtsreicher Wiese. Vorbei an einem mächtigen Schwarzwaldhof geht der Blick weit über das zwischen bewaldeten Höhen eingebettete Bregtal.

Wer die **Bregquelle** und die alte, im 13. Jh. erbaute **Martinskapelle** besuchen möchte, der biegt hier rechts in einen Kiesweg ein und folgt der entsprechenden Beschilderung. Von der Quelle lässt man die Räder über die Straßenzufahrt ins Katzensteigtal hinabrollen. Diese Variante ist zwei Kilometer länger und erfordert einen anstrengenden Anstieg über 100 Höhenmeter.

Fährt man auf der schmalen Teerstraße geradeaus, kann man das Rad ohne Mühe durch das beschauliche Tal bergab rollen lassen. Unterhalb einer Kapelle finden beide Varianten wieder zusammen. Anschließend führt die jetzt zweispurige Straße an der schmalen Breg entlang durch das sanft abfallende **Katzensteintal** hinaus nach **Furtwangen**. Am Stadtrand biegen wir rechtshaltend auf die B 500 ein und folgen im Ortszentrum der Beschilderung nach Vöhrenbach und Donaueschingen nach links. Nach einem Kilometer wechseln wir im Stadtgebiet rechts in die Straße »Auf dem Moos« und radeln zur breiten Umgehungsstraße, die wir überqueren. Jenseits biegen wir nach wenigen Metern links in den **Bregtalweg** ein. Der angenehme Weg führt uns nun auf der rechten Seite

Tipp Eine Anzahl von Hotels bieten sich in Donaueschingen zum Übernachten an, z. B. das Hotel Ochsen in der Käferstraße (Tel. 0771 / 809 90) oder das Hotel »Zum Schützen« in der Josefstraße (Tel. 0771 / 50 85). Eine empfehlenswerte Restaurantadresse sind die Donaustuben in der Marktstraße.

der Breg nach **Vöhrenbach**. Wir lassen den Ortskern links und fahren am rechten Ufer der Breg geradewegs bis zur Hauptstraße, der wir nach rechts folgen. Nach ca. 200 m biegen wir rechts in die Straße »Auf der Wehrte« ein, die nach kurzer Fahrt geradewegs in einen Kiesweg übergeht. Wir bleiben jetzt immer rechts der Breg und folgen diesem stillen Weg. Einige Wege werden geradewegs gequert und bald eine Teerstraße, die in das schöne Linachtal mit dem kleinen Stausee führt. Nach weiteren zwei Kilometern radeln wir in **Hammereisenbach** geradewegs über eine weitere Teerstraße.
Weitere acht Kilometer leitet uns der Kiesweg nun am rechten Ufer der Breg entlang, bis wir am Sportplatz von **Wolterdingen** geradewegs auf

Neben einem alten Bauernhof entspringt die Brigach.

Essen und Trinken: In Brigach, Schönwald, Weißenbach, an der Bregquelle, in Furtwangen, Vöhrenbach, Hammereisenbach, Wolterdingen und Donaueschingen.
Unterkunft: Eine große Auswahl an Hotels, Gasthöfen und Pensionen in Schönwald, Furtwangen, Vöhrenbach und Donaueschingen.
Preiswerte Unterkunft: Donaueschingen: Naturfreundehaus Donaueschingen, Tel. 0771 / 29 85.
Sehenswertes: Brigach: Die Brigachquelle; die Bregquelle und die nahe Martinskapelle; Furtwangen: Deutsches Uhrenmuseum; Donaueschingen: Barocke Stadtkirche, Schloss und Fürstlich Fürstenbergische Sammlungen, Heimatmuseum.
Tourist-Info: Schönwald: Touristinformation, Tel. 07722 / 194 33; Furtwangen: Verkehrsamt Oberes Bregtal, Tel 07723 / 93 91 11; Vöhrenbach: Städtisches Verkehrsamt, Tel. 07727 / 50 11 15; Donaueschingen: Fremdenverkehrsamt,

eine schmale Teerstraße überwechseln. Sie bringt uns zu einer Vorfahrtsstraße, die uns links auf einer wuchtigen Brücke über die Breg zur Hauptstraße im Ortszentrum leitet. Auf ihr geht es nach rechts, bis sie am Ortsende von Wolterdingen nach rechts umknickt. Hier wechseln wir geradeaus auf eine Nebenstraße, die über einen Wiesenhang bergauf führt. An der Weggabelung am Waldrand halten wir uns rechts und radeln durch Wald und Wiesen zu einer weiteren Weggabelung.

Wir fahren nach rechts, überqueren bald geradewegs eine breite Straße und fahren durch Wald bis zum Stadtrand von **Donaueschingen**. Dort

halten wir uns an einer Weggabelung links und lassen die Räder abwärts rollen. Nach der Baar-Klinik überqueren wir geradewegs eine Vorfahrtsstraße und fahren auf der zweiten Querstraße nach links. Nach wenigen Metern biegen wir rechts in eine Nebenstraße, die uns abwärts zur Hauptstraße leitet. Auf ihr rechts über die Bahnlinie und die Brigach. Nach der Brücke fahren wir entweder geradeaus in das Stadtzentrum von Donaueschingen oder links in einem Bogen hinab zum Ufer der Brigach und auf dem Brigachtalweg am Fluss entlang zum Bahnhof von Donaueschingen.

Info »Brigach und Breg bringen die Donau zuweg«, mit diesem Merksatz lernten Generationen von Schülern die Quellflüsse der Donau kennen. Andererseits ließen die Fürsten von Fürstenberg in ihrem Schlosspark zu Donaueschingen die **»Donauquelle«** aufwändig fassen. Wo ist also die wahre Donauquelle zu finden? Geografisch gesehen gilt der Bregquelle dieses Attribut. Sie ist am weitesten von der Mündung der Donau in das Schwarze Meer entfernt. Von der Bregquelle aus gemessen ergibt sich für den nach der Wolga zweitlängsten Strom Europas eine Länge von 2860 km.

Ohne große Mühen leitet der Bregtalweg durch die Hügelketten des Schwarzwaldes.

leicht	
36 km	
↑ 60 m ↓ 90 m	
3 Std.	

Von Donaueschingen nach Tuttlingen

Donaueschingen – Geisingen – Immendingen – Möhringen – Tuttlingen

Vom rauen Hochland der so genannten Baar, das zwischen Schwarzwald und Schwäbischer Alb eingelassen ist, führt uns das Tal der Donau nach Osten. Bei Immendingen versickert ein Großteil des Donauwassers im verkarsteten Untergrund der Schwäbischen Alb.

Tourenverlauf

Unsere lange Reise entlang der deutschen Donau beginnen wir vor dem Bahnhof von **Donaueschingen**. Wir radeln kurz nach rechts zum Kreisverkehr und biegen dort links in die Josephstraße. Geradeaus führt sie in das nahe Stadtzentrum und zum fürstenbergischen Schloss mit der »Donauquelle«. Der ausgeschilderte Donauradwanderweg zweigt schon zuvor rechts von der Hauptstraße ab und leitet geradewegs durch den weitläufigen Park. Im Linksbogen radeln wir dann um das Stadion und biegen kurz vor der Brigach rechts ab.

Nach kurzer Fahrt auf einer Brücke über die Breg und unter der B 27 hindurch. Wir radeln kurz nach rechts und dann links in das Donauried, das wir auf dem gut ausgeschilderten Weg im Zick-Zack durchqueren.

Eine Brücke führt uns links über die Donau nach **Pfohren**. Wir biegen nach kurzer Fahrt der Beschilderung folgend rechts

Donaueschingen
Im frühen Mittelalter wurde die Stadt **Donaueschingen** gegründet. Im 17. Jh. baute sie die Familie Fürstenberg zur Residenzstadt aus. Inmitten ausgedehnter Gartenanlagen liegt das ursprünglich barocke, im 19. Jh. umgebaute und mit kostbarem Inventar ausgestattete Schloss. Nebenan ist die so genannte Donauquelle in einem Brunnen gefasst, der von der barocken Stadtkirche St. Johann überragt wird. An der nahen Haldenstraße liegt die Hofbibliothek, die wertvolle mittelalterliche Handschriften zeigt. Am Karlsplatz findet man die Fürstlich Fürstenbergischen Sammlungen mit herrlichen Bildern altdeutscher Meister.

Tipp Wer sich zum Abschluss der Tour in Tuttlingen stärken will, dem sei das Restaurant Kupferpfanne in der Zeughausstraße empfohlen. Unterkunft findet man z.B. in der Königstraße im Hotel Rosengarten (Tel. 07461 / 51 04) und im Hotel Ritter (Tel. 07461 / 88 55).

ab und fahren rechtshaltend durch das Dorf. Rechts, zur Donau hin, liegt das Mauergeviert des im 15. Jh. erbauten Jagdschlosses Entenburg mit seinen vier Ecktürmen. Nach dem letzten Haus von Pfohren rechts zur Donau hinab, bald unter der Straßenbrücke hindurch und ein kurzes Stück an der Bundesstraße entlang aufwärts. Wir lassen die Räder rechts wieder zur Donau hinabrollen.

Eine Brücke leitet über die Donau in das nahe Dorf Neudingen. Wir fahren jedoch geradeaus und halten uns bei den nahen Scheunen links. Im Zick-Zack geht es durch den Talboden auf den Wartenberg zu, dem Überrest eines vor Jahrmillionen erloschenen Vulkans. Auf seinem Gipfel steht ein an Stelle einer mittelalterlichen Burg errichtetes Lustschlösschen. Wir treffen bald wieder auf die Bundesstraße und radeln erst rechts, dann links oberhalb der Straße durch die Hänge des Wartenberges.

Am Ortsrand von **Geisingen** fahren wir zweimal rechts und dann auf der Hauptstraße durch das Städtchen, das am Eingang des Donautales in die Schwäbische Alb liegt. Am Ortsende halten wir uns nach der Bahnlinie links und radeln an den Gleisen entlang. Der Radweg führt uns unter Autobahn-, Bundes-

Tourencharakter: Eine gemütliche Radwanderung , die meist auf Nebenstraßen und Feldwegen durch das sich nach und nach verengende Donautal führt.
Ausgangspunkt: Der Bahnhof in Donaueschingen.
Endpunkt: Das Stadtzentrum von Tuttlingen.
Anreise und Rückfahrt: Donaueschingen liegt südwestlich der Ausfahrt Bad Dürrheim von der A 81 an der B 27 und ist gut mit der Bahn zu erreichen. Rückkehrmöglichkeit von Tuttlingen nach Donaueschingen mit der Bahn.
Streckenverlauf: Geisingen: 15 km; Immendingen: 7 km; Tuttlingen: 14 km.
Kombination: In Donaueschingen Anschluss an Tour 1 und 2, in Tuttlingen Anschluss an Tour 4.
Wegweisung: Wegweiser des Donau-Radweges.
Karte: ADFC-Radtourenkarte 1 : 150 000, Blatt 24 »Schwarzwald – Oberrhein«.

Der Weg führt durch das Tal, das die Donau in die Schwäbische Alb geschnitten hat.

straßen- und Eisenbahnbrücke hindurch. Wir überqueren die Donau, halten uns links und biegen dann rechts in das nahe Dörfchen **Hintschingen** ab. Nun noch ein Stück am Südufer der Donau entlang und nach der Archenbrücke am Ortsrand von **Zimmern** vor den Gleisen nach rechts. Entlang der Bahnlinie fahren wir nach **Immendingen**.

Wir schieben auf der neuen Fußgängerbrücke die Räder über die Gleise und folgen danach rechts der Beschilderung durch den Ort. Bald wird die Donau abermals überquert und wir verlassen geradewegs Immendingen und erreichen die »Freizeitanlage Donauversinkung«. Geradeaus kann man von hier zur **Versinkungsstelle der Donau** wandern. Auf kurzer Strecke verschwindet der Fluss im verkarsteten Untergrund. Ein Höhlensystem leitet das Wasser nach Süden, wo es in Aach wieder zu Tage tritt. Der dortige Aachtopf gilt als die stärkste Karstquelle Europas. Unterhalb der Versinkung fällt die Donau an über 100 Tagen im Jahr vollständig trocken.

Der Donau-Radwanderweg führt uns vor der Freizeitanlage nach links über den Fluss zur Bahnlinie. Entlang der Gleise radeln wir bis in das Ortszentrum von **Möhringen**. Unser Weg führt uns links über die Bahnlinie zum Rathaus von **Möhringen**, das im ehemaligen Jagdschloss der Fürsten von Fürstenberg

Essen und Trinken: In Donaueschingen, Pfohren, Neudingen, Geisingen, Zimmern, Immendingen, Möhringen und Tuttlingen.
Unterkunft: Donaueschingen: Große Auswahl an Hotels und Gasthöfen; Neudingen: Gasthaus Linde, Tel. 0771 / 6 18 53; Gasthaus Zum Rössle, Tel. 0771 / 6 19 22; Geisingen: Mehrere Gasthäuser und Pensionen; Zimmern: Gasthaus Waldhorn, Tel. 07462 / 12 84; Gasthaus Wiesengrund, Tel. 07462 / 16 59; Immendingen: Mehrere Hotels, Gasthöfe und Pensionen; Möhringen: Mehrere Gasthöfe und Pensionen; Tuttlingen: Mehrere Hotels und Gasthöfe.
Camping: Donaueschingen-Pfohren: Riedsee Camping, Tel. 0771 / 55 11; Immendingen: Zeltplatz bei der Donauversinkung (Anmeldung beim Fremdenverkehrsbüro Immendingen).
Sehenswertes: Donaueschingen: Barocke Stadtkirche, Schloss und Fürstlich Fürstenbergische Sammlungen, Heimatmuseum; Pfohren: Entenburg; Immendingen: Donauversickerung; Tuttlingen: Stadtkirche mit Jugendstilfassade, Ruine Honberg.
Tourist-Info: Donaueschingen: Fremdenverkehrsamt, Tel. 0771 / 85 72 21 und 85 72 23; Geisingen: Verkehrsamt, Tel. 07704 / 80 70; Immendingen: Fremdenverkehrsbüro, Tel. 07462 / 242 28; Tuttlingen: Städt. Verkehrsamt, Tel. 07462 / 340.

untergebracht ist. Der stattliche, mit markantem Staffelgiebel geschmückte Bau wurde im 17. Jh. errichtet. Passend zum Ortsnamen plätschern in der Nähe zwei Mohrenbrunnen. Vorbei am Rathaus folgen wir der Beschilderung des Donau-Radweges, die uns auf teils schmalen Wegen durch den Ort zum nördlichen Talhang leitet.

Am Fuße des Waldhanges halten wir uns rechts und fahren am Nordufer der Donau entlang. Der Weg führt uns am Tuttlinger Freibad vorbei und unter der Bundesstraße hindurch. Auf der zweiten Fußgängerbrücke überqueren wir den Fluss und radeln geradewegs in das Stadtzentrum von **Tuttlingen**. Schon in römischer Zeit befand sich hier ein Kastell und 797 wurde Tuttlingen erstmals urkundlich erwähnt. Als württembergischer Vorposten wurde die Stadt mehrmals zerstört und fiel 1803 einem verheerenden Brand zum Opfer. Abgesehen von der im 15. Jh. erbauten Burg auf dem Honberg blieben keine historischen Gebäude erhalten. Die 1817 im klassizistischen Stil erbaute Stadtkirche erhielt 1903 ihre schöne Jugendstilfassade. Sehenswert ist vor allem das hervorragend ausgestattete Heimatmuseum im Gebäude Donaustraße Nr. 50.

Tipp Kurz vor dem Ende der Etappe bietet sich das hübsche Möhringen zum Übernachten an. Empfehlenswerte Unterkunft findet man unter anderem im Gasthaus Hecht am Hechtplatz (Tel. 07462/6287) oder im Gasthaus Löwen in der Mittelgasse (Tel. 07462/6277).

Am Schloss von Donaueschingen ist der Startpunkt zum Donauradweg.

leicht

53 km

↑ 70 m
↓ 140 m

4 Std.

Von Tuttlingen nach Sigmaringen

Tuttlingen – Fridingen – Beuron – Hausen im Tal – Thiergarten – Gutenstein – Inzigkofen – Sigmaringen

Der Donaudurchbruch durch die Schwäbische Alb zählt zweifellos zu den eindrucksvollsten Abschnitten des gesamten Donau-Radweges. Helle Kalkfelsen und malerische Burgen überragen die Wiesen, Dörfer und Klöster im tief eingeschnittenen Tal.

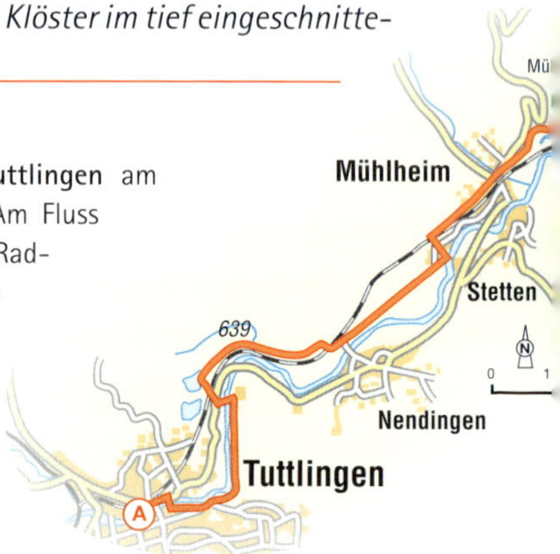

Tourenverlauf

Wir beginnen die Tour in **Tuttlingen** am nördlichen Ufer der Donau. Am Fluss entlang führt uns der Donau-Radweg unter einer Straßenbrücke hindurch zur Wördenbrücke. Auf ihr geht es über den Fluss und links auf dem Uferweg nach **Ludwigstal**. Hier radeln wir auf schmaler Brücke über die Donau, überqueren die Hauptstraße und biegen hinter der Bahnlinie nach rechts. Nun entlang der Gleise bis vor **Nendingen**, nach rechts über den Bahnkörper und geradeaus durch den Ort. Durch Wiesen geht es jetzt direkt nach **Stetten**. Wir radeln linkshaltend sanft aufwärts in das Ortszentrum. Von hier ist nach rechts ein Abstecher zur malerischen Altstadt von Mühlheim möglich.

Von der Burg geht der Blick hinab in das Durchbruchstal der Donau.

Wir radeln in Stetten rechts am Gasthof Schlüssel vorbei und biegen nach der Bahnlinie rechts ab. Der Donau-Radweg führt uns geradewegs zur Hauptstraße im Neubauviertel von **Mühlheim**. Auf ihr nach links und nach kurzer Strecke rechts auf die zur Altstadt ausgeschilderte Nebenstraße. Wir fahren an der romanischen Galluskirche, die sehenswerte Chorfresken aufweist, vorbei. Hinter dem Gotteshaus halten wir uns rechts und radeln in das jetzt autofreie Donautal. Links der Donau führt uns der ruhige Weg durch das gewundene Tal nach **Fridingen**. Dort kurz aufwärts zur Hauptstraße, auf ihr nach rechts und bei erster Gelegenheit rechts in eine Nebenstraße. Wir fahren am linken Donauufer durch das hübsche Städtchen.

Vom Ortsende radeln wir durch das wieder autofreie Tal. Nahe einer Versinkungsstelle, an der Donauwasser in den verkarsteten Untergrund versickert, überqueren wir den Fluss. Ein kurzer Zwischenanstieg bringt uns über einen Bergsporn und vorbei am **Gasthof Jägerhaus** radeln wir nach **Beuron**. Der Radweg führt kurz aufwärts zur Straße, auf der links das 1077 gegründete Kloster zu erreichen ist.

Tipp Wer eine Nacht im wildromantischen Durchbruchstal der Donau verbringen möchte, der findet mit dem Gasthaus Jägerhaus eine Unterkunft im verkehrsfreien Talabschnitt zwischen Fridingen und Beuron (Tel. 07466/254).

Zentraler Blickfang ist die Barockkirche. Der Innenraum ist mit üppigem Rokokostuck und farbenfrohen Deckenfresken ausgeschmückt. In der Gnadenkapelle findet man eine spätgotische Pietà. Wir bleiben rechts der Gleise und überqueren bald auf neuem Steg den Fluss. Der Weg leitet uns, vorbei an der Maurus-Kapelle, um einen Bergsporn. Im Süden liegt hoch über der Talschlinge die imposante **Burg Wildenstein**. Die im 13. Jh. erbaute Burg wurde später mit Renaissance-Bastionen verstärkt. Heute ist

Tourencharakter: Ohne nennenswerte Steigungen auf Nebenstraßen und Feldwegen durch das herrliche Tal, das die Donau in die Schwäbische Alb geschnitten hat.
Ausgangspunkt: Das Donauufer in Tuttlingen.
Endpunkt: Das Stadtzentrum von Sigmaringen.
Anreise und Rückfahrt: Tuttlingen liegt östlich der Ausfahrt Geisingen von der A 81 im Donautal und ist mit der Bahn zu erreichen. Rückkehrmöglichkeit von Sigmaringen nach Tuttlingen mit der Bahn.
Streckenverlauf: Fridingen: 14 km; Beuron: 11 km; Hausen im Tal: 7 km; Thiergarten: 8 km; Sigmaringen: 13 km.
Kombination: In Tuttlingen Anschluss an Tour 3, in Sigmaringen an Tour 5.
Wegweisung: Die Wegweiser des Donau-Radweges.
Karte: ADFC-Radtourenkarte 1 : 150 000, Blatt 25 »Bodensee – Schwäbische Alb«.

Das Kloster in Inzigkofen wurde zu einem Landsitz umgestaltet.

in der Burg eine Jugendherberge untergebracht. Ein Steg bringt uns wieder auf die rechte Donauseite. Bald liegt vor uns auf steilem Fels **Schloss Werenwag**. Eine im 11. Jh. errichtete Burg wurde später zum heutigen Schloss umgebaut.

Am Ortsrand von **Hausen im Tal** bleiben wir rechts der Donau und radeln geradewegs über die Hauptstraße. Vorbei am **Gasthof Neumühle** führt uns der Radweg nach **Thiergarten**. Kurz nach dem Ort über-

queren wir nahe der im 16. Jh. erbauten Georgs-Kapelle auf neuem Brückchen den Fluss und folgen dem Radweg bis zu einer Teerstraße. Auf ihr radeln wir unterhalb Schloss Gutenstein über die Donau und geradeaus durch **Gutenstein** bis zu einer Vorfahrtsstraße. Auf ihr kurz nach links und nach den

Essen und Trinken: In Stetten, Mühlheim, Fridingen, im Jägerhaus, in Beuron, Hausen im Tal, in der Neumühle, in Thiergarten, Gutenstein, Inzigkofen und Sigmaringen.
Unterkunft: Mühlheim und Fridingen: Große Auswahl an Gasthöfen und Pensionen; Jägerhaus (3 km vor Beuron): Gasthaus Jägerhaus, Tel. 07466/254; Beuron, Hausen und Thiergarten: Jeweils mehrere Hotels, Gasthöfe und Pensionen; Gutenstein: Gasthof Bahnhof, Tel. 07570/279; Inzigkofen: Mehrere Gasthöfe und Pensionen; Sigmaringen: Große Auswahl an Hotels und Gasthöfen.
Preiswerte Unterkunft: Sigmaringen: Hohenzollern-Jugendherberge, Tel. 07571/132 77.
Camping: Jägerhaus (3 km vor Beuron): Jugendzeltplatz Jägerhaus, Tel. 07466/254; Hausen im Tal: Campingplatz Wagenburg, Tel. 07579/559 oder 07466/15 25; Sigmaringen: Campingplatz Sigmaringen, Tel. 07571/49 21 oder 504 11.
Sehenswertes: Mühlheim: Altstadt und Galluskirche; Fridingen: Altstadt; Beuron: Kloster; Inzigkofen: ehemaliges Kloster; Sigmaringen: Altstadt mit Schloss und Johanneskirche.
Tourist-Info: Mühlheim: Verkehrsamt, Tel. 07463/89 03; Fridingen: Verkehrsamt, Tel. 07463/83 70; Beuron: Verkehrsamt, Tel. 07466/214; Hausen im Tal: Bürgermeisteramt, Tel. 07579/921 00; Inzigkofen: Bürgermeisteramt, Tel. 07571/730 70; Sigmaringen: Verkehrsamt, Tel. 07571/10 62 23.

Tipp In Sigmaringen findet man im Schatten des Hohenzollernschlosses unter anderem in der Burgstraße im Hotel Bären (Tel. 07571 / 128 62) und in der Fürst-Wilhelm-Straße im Gasthaus Traube (Tel. 07571 / 12 227) angenehme Unterkunft.

Sigmaringen
1077 wurde zum ersten Mal die Burg auf dem die Donau beherrschenden Fels erwähnt, in deren Schutz sich Sigmaringen entwickelte. Im 17. Jh. wurde die Burg erweitert und im 18. Jh. Sigmaringen in eine barocke Residenzstadt verwandelt. 1806 wurde sie Zentrum des Fürstentums Hohenzollern-Sigmaringen und fiel 1850 an das verwandte Haus Preußen. Nach einem Großbrand im Jahre 1893 wurde das Schloss gemäß dem romantisierenden Geschmack jener Zeit umgestaltet. Im Schloss sind umfangreiche Sammlungen untergebracht, deren Exponate von vorgeschichtlicher Zeit bis ins 19. Jh. reichen. In der Stadt besticht die im 18. Jh. errichtete Kirche St. Johannes mit ihrer prachtvollen Ausstattung. Die Josephskapelle birgt die wertvollen Flügeltüren eines gotischen Schreins. In der Altstadt erinnert der Runde Turm an die alte Stadtbefestigung.

Gleisen rechts abbiegen. Jetzt am rechten Donauufer entlang, bis wir nach dem Jugendzeltplatz auf die nördliche Talseite wechseln.

Dietfurt, das von einer auf einem steilen Felskegel gelegenen Burgruine überragt wird, bleibt rechts liegen. Der Radweg führt immer nahe der Gleise nach Osten. Bald versteckt sich links im Waldhang die Ruine der auf steilem Felszacken erbauten Burg Gebrochene Gutenstein. Hinter dem Bahnhof Inzigkofen rechts auf der Teerstraße über die Donau und in Kurven hinauf nach **Inzigkofen**. Am Ortsrand folgen wir der Beschilderung links durch den Schlosspark zum ehemaligen Kloster. Es wurde im 14. Jh. gegründet und im 19. Jh. zu einem Landsitz für die Familie Hohenzollern-Sigmaringen umgestaltet. In der ehemaligen Klosterscheune ist heute ein Bauernmuseum untergebracht.

Steilwände an der Donau bei Neidingen.

Nahe der Klosterkirche knickt unser Weg nach links und wir lassen die Räder geradewegs zur Donaubrücke in **Laiz** hinabrollen. Wir fahren über die Hauptstraße und folgen dem Weg am rechten Donauufer. Am Campingplatz bieten sich zwei Varianten an. Entweder man hält sich links, bleibt am Donauufer und umfährt die Altstadt von Sigmaringen. Oder man fährt rechts und folgt der Antonstraße, die zum Stadtzentrum von **Sigmaringen** führt.

leicht

35 km

↑ 20 m
↓ 60 m

2 ½ Std.

Von Sigmaringen nach Riedlingen

Sigmaringen – Sigmaringendorf – Scheer – Mengen – Hundersingen – Binzwangen – Riedlingen

Nach Sigmaringen verlässt die Donau bald die Schwäbische Alb und die Route leitet durch das nun weite Flusstal nach Osten. Scheer und Riedlingen bezaubern mit hübschen Altstädten und ein Abstecher führt zu den bedeutenden keltischen Kulturzeugnissen rund um Hundersingen.

In Scheer bergan zum Schloss und zur Nikolauskirche.

Tourenverlauf

Am Morgen bieten sich in **Sigmaringen** zwei Tourenvarianten an. Man kann entweder zur Donau radeln und dem rechten Ufer rund um Altstadt und Schloss folgen. Oder man fährt in der Altstadt über die Antonstraße nach Osten hinab und biegt dann rechts in die Karlstraße. Sie bringt uns zur Hedinger Kirche, an der beide Varianten wieder zusammentreffen. Hier immer rechts der Donau nach **Sigmaringendorf**. An der Donaubrücke bleiben wir am rechten Ufer und folgen der Teerstraße, bis wir links auf einen Radweg abbiegen. Er bringt uns nach **Scheer**. An einem kleinen Anstieg biegen wir links ab, radeln unter der Eisenbahnlinie hindurch und in einem Bogen in Donaunähe um den Hügel, auf dem das Renaissance-Schloss mit seinen markanten Staffelgiebeln und die barocke Nikolaus-Kirche stehen.
Wir überqueren zweimal die Hauptstraße und dann die Bahnlinie, an der entlang wir nach **Ennetach** radeln. Auf der Hauptstraße rechts durch den Ort und

geradewegs nach **Mengen**. Rechter Hand liegt die Altstadt, in der eine Anzahl schöner Fachwerkhäuser erhalten blieb. Die barock umgestaltete Kirche Unserer Lieben Frau beherbergt eine sehenswerte spätgotische Gottesmutter. Wir lassen jedoch das Ortszentrum rechts und folgen noch vor Erreichen des Bahnhofs links der Wegweisung des Donau-Radweges, die uns über die Bahnlinie und die Bundesstraße in offenes Ackerland leitet. Nahe der Donau radeln wir geradewegs über die nach Blochingen führende Straße und halten uns an der folgenden Weggabelung links. Eine schmale Straße leitet uns bis zur Donau und noch vor der Brücke biegen wir rechts in einen Kiesweg. Nun fahren wir immer rechts des Flusses bis zur Donaubrücke in **Hundersingen**.

Tipp Als Ausgangspunkt für eine Erkundung der keltischen Monumente im Umland von Hundersingen bietet sich der typisch schwäbische, mitten im Dorf gelegene Gasthof Adler an (Tel. 07586 / 378).

Links über die Brücke und danach steil aufwärts führt eine anstrengendere, aber empfehlenswerte Variante zum **Heuneburgmuseum** in Hundersingen. Das Museum bietet dank der reichen Funde aus der Umgebung einen informativen Einblick in die keltische Kultur. Im Wald nördlich des Ortes versteckt liegt der Hohmichele, einer der mächtigsten keltischen Grabhügel. Die Variante folgt allerdings der am Museum vorbeiführenden Straße nach Binzwangen, die den geschichtlich Interessierten zu einigen keltischen Grabhügeln leitet. Wenige Meter zuvor führt rechts ein Kiesweg zur herrlich über dem Donautal gelegenen vorgeschichtlichen Verteidigungsanlage der **Heuneburg**. Ab der Mitte des ersten vorchristlichen Jahrtausends übernahmen die Kelten diesen schon zuvor besiedelten Platz und errichteten mehrere Befestigungsanlagen.

Tourencharakter: Auf Nebenstrecken durch das Donautal, das ab Scheer zunehmend weiter wird. Eine empfehlenswerte Variante führt über Hundersingen und das Kloster Heiligkreuztal nach Riedlingen.
Ausgangspunkt: Das südliche Donauufer in Sigmaringen.
Endpunkt: Die Altstadt von Riedlingen.
Anreise und Rückfahrt: Sigmaringen liegt im Tal der Donau an der B 32 und ist mit der Bahn zu erreichen. Rückkehrmöglichkeit von Riedlingen nach Sigmaringen mit der Bahn.
Streckenverlauf: Scheer: 10 km; Mengen: 4 km; Hundersingen: 7 km; Riedlingen: 14 km.
Kombination: In Sigmaringen Anschluss an Tour 4, in Riedlingen an Tour 6.
Wegweisung: Die Wegweiser des Donau-Radweges.
Karte: ADFC-Radtourenkarte 1 : 150 000, Blatt 25 »Bodensee – Schwäbische Alb«.

Die Kelten erbauten die durch mächtige Wälle geschützte Heuneburg.

Am Höhepunkt ihrer Macht entstand eine Fürstenburg mit Ziegelmauern, die nördlich der Alpen einzigartig ist. In der Fürstenburg blühte die Handwerkskunst und von den weitreichenden Handelsbeziehungen zeugen Reste chinesischer Seide, die man in der Heuneburg fand. Die Straße führt uns anschließend in das nahe **Binzwangen**. Hier kann man rechtshaltend wieder zum Donau-Radweg gelangen oder links den weiter unten beschriebenen Abstecher zum Kloster Heiligkreuztal anhängen.

Von der Donaubrücke in Hundersingen fahren wir kurz nach rechts und biegen danach links in ein Sträßchen, das uns zur Hauptstraße in **Binzwangen** führt. Links über die Brücke und den steilen Berg durch den Ort aufwärts leitet eine Wegvariante zum Kloster Heiligkreuztal. An der Kreuzung am Ortsende von Binzwangen geradeaus. Bald links auf eine schmale Straße, die uns zum ummauerten Klosterbereich in **Heiligkreuztal** führt. Vom Kloster aus fahren wir geradewegs über die Hauptstraße und folgen der Beschilderung des Donau-Radweges über **Altheim** nach **Riedlingen**. Wer direkt von **Binzwangen** nach Riedlingen radeln will, der überquert rechtshaltend die Hauptstraße und

Info Anfang des 13. Jhs. wurde das Zisterzienserinnen-Kloster in **Heiligkreuztal** gegründet, das schnell großen Wohlstand erlangte. In der 1256 geweihten frühgotischen Basilika besticht das herrliche, Anfang des 14. Jhs. geschaffene Ostfenster. An den Wänden blieben Fresken aus dem 14. Jh. erhalten und Chor sowie Kreuzgang malte 1532 der Meister von Meßkirch aus. Heiligkreuztal zählt nach aufwendigen Renovierungen zu den am besten erhaltenen mittelalterlichen Frauenklöstern in Baden-Württemberg.

Essen und Trinken: In Sigmaringendorf, Scheer, Ennetach, Mengen, Hundersingen, Binzwangen, Heiligkreuztal, Altheim und Riedlingen.
Unterkunft: Sigmaringendorf: Hotel Hirsch, Tel. 07571 / 743 70; Gästehaus Panti, Tel. 07571 / 148 05; Scheer: Mehrere Hotels und Pensionen; Ennetach: Gasthaus Dorfstuben, Tel. 07572 / 52 17; Mengen: Mehrere Hotels; Riedlingen: Mehrere Hotels und Gasthöfe.
Camping: Riedlingen: Radlerrast Vöhringer Hof, Tel. 07371 / 125 74; Zeltplatz Tennishalle, Tel. 07371 / 26 87.
Sehenswertes: Scheer: Altstadt mit Schloss und Nikolaus-Kirche; Mengen: Altstadt mit Pfarrkirche; Hundersingen: Heuneburgmuseum, Heuneburg (vorgeschichtliche Befestigung) und keltische Grabhügel; Heiligkreuztal: mittelalterliches Kloster; Riedlingen: Altstadt mit Georgskirche.
Tourist-Info: Sigmaringendorf: Bürgermeisteramt, Tel. 07571 / 730 50; Scheer: Bürgermeisteramt, Tel. 07572 / 761 60; Mengen: Stadtverwaltung, Tel. 07572 / 607 20; Herbertingen-Hundersingen: Bürgermeisteramt Herbertingen, Tel. 07586 / 920 80; Riedlingen: Verkehrsamt, Tel. 07371 / 183 12.

lässt sich von den Schildern des Donau-Radweges aus dem Ort führen. Danach geht es für längere Zeit geradeaus, ehe uns ein kurzer Links-Rechts-Knick an das rechte Donauufer führt.

Am Fluss entlang radeln wir bis zur Donau-Brücke in **Riedlingen**. Der Ort wurde im 9. Jh. erstmals urkundlich erwähnt, fiel im 13. Jh. dem Hause Habsburg zu und kam nach wechselvoller Geschichte im Jahre 1805 zu Württemberg. Überragt wird die Altstadt vom Turm der gotischen Pfarrkirche, in der spätgotische Fresken erhalten geblieben sind. Das Rathaus wurde im 15. Jh. erbaut und im ehemaligen Spital aus dem 14. Jh. ist ein Heimatmuseum untergebracht. An der Donau blieben Reste der Stadtbefestigung mit dem Mühltörle erhalten. Das im 17. Jh. erbaute Kapuzinerkloster besitzt einen malerischen Kreuzgang.

Tipp Inmitten der hübschen Altstadt von Riedlingen liegt am Marktplatz das empfehlenswerte Hotel Mohren (Tel. 07371 / 73 20). In der Langen Straße findet man das Gasthaus Hirsch (Tel. 07371 / 73 65) und am Adlerberg den Gasthof »Zum Adler« (Tel. 07371 / 72 55).

Das Ziel der heutigen Tour: Riedlingen.

leicht

37 km

↑ 160 m
↓ 190 m

3 Std.

Von Riedlingen nach Ehingen

Riedlingen – Zwiefaltendorf – Obermarchtal – Munderkingen – Ehingen

Östlich von Riedlingen bezaubern im engen Donautal das von einer Doppelburg überragte Dorf Rechtenstein und die Klosterkirche von Obermarchtal, ehe sich bei der beschaulich in einer Donauschlinge gelegenen Altstadt von Munderkingen das Tal wieder weitet.

Tourenverlauf

Von der Donaubrücke in **Riedlingen** fahren wir rechts des Flusses bis kurz vor **Daugendorf** und wechseln dort auf das linke Ufer. Wir halten uns nach der Brücke zweimal rechts und erreichen das nahe **Bechingen**. Auf der Hauptstraße fahren wir rechts nach **Zell**. Die barocke Kirche St. Gallus birgt eine spätgotische Madonna. Nach dem Ort queren wir die Gleise und fahren am Bahnkörper entlang nach **Zwiefaltendorf**. Jenseits der Bahnlinie radeln wir geradewegs in das Dorf. Neben dem Renaissance-Schlößchen wartet der Ort mit der im 15. Jh. erbauten und im 18. Jh. barockisierten Michaelskirche auf. Im Inneren besticht das fein gearbeitete Chorgestühl des berühmten Meisters Jörg Syrlin. Beim Brauereigasthof Rößle befindet sich eine Tropfsteinhöhle, die besucht werden kann.

Tourencharakter: Großteils auf Nebenstrecken durch das Donautal oder im Auf und Ab über die angrenzenden Randhöhen.
Ausgangspunkt: Die Donaubrücke an der Altstadt von Riedlingen.
Endpunkt: Die Altstadt von Ehingen.
Anreise und Rückfahrt: Riedlingen liegt am Kreuzungspunkt von B 311 und B 312 im Tal der Donau und besitzt einen Bahnanschluss. Rückkehrmöglichkeit von Ehingen nach Riedlingen mit der Bahn.
Streckenverlauf: Zwiefaltendorf: 10 km; Obermarchtal: 6 km; Munderkingen: 9 km; Ehingen: 12 km.
Kombination: In Riedlingen Anschluss an Tour 5, in Ehingen an Tour 7 und 8.
Wegweisung: Die Wegweiser des Donau-Radweges.
Karte: ADFC-Radtourenkarte 1 : 150 000, Blatt 25 »Bodensee – Schwäbische Alb«.

Von hier führt ein beschilderter **Abstecher** nach **Zwiefalten**. Man hält sich an der Verkehrsinsel in der Bahnhofstraße links. Am Dorfrand vor dem Wald nach rechts und immer links der Zwiefalter Ache auf Wirtschaftswegen in das fünf Kilometer entfernte Zwiefalten. Im Jahre 1089 wurde das Kloster gestiftet, dessen zweitürmiges Münster das Ortsbild beherrscht. Die Kirche wurde Mitte des 18. Jahrhunderts nach Plänen des Baumeisters Johann Michael Fischer errichtet und zählt zu den schönsten Barockbauten in Oberschwaben.

Wir halten uns in **Zwiefaltendorf** rechts und überqueren die Donau. Vor der Bahnlinie auf einem Kiesweg nach links und bald steil aufwärts nach **Datthausen**. Wir radeln links über die B 311. Jetzt immer rechts der Bundesstraße über eine Hügelkuppe. 1,5 Kilometer vor Obermarchtal überqueren wir die B 311 (man kann auch geradewegs nach Obermarchtal radeln) und lassen die Räder ins Donautal hinabrollen. Links des Flusses führt uns der Weg in das malerisch an der Donau gelegene

Idyllischer Blick auf das Dörfchen Zwiefaltendorf.

Rechtenstein, das von den Resten einer im 12. Jh. erbauten Doppelburg überragt wird. Wir überqueren die Donau und biegen nach der Brücke rechts in eine Nebenstraße. Nach wenigen Metern halten wir uns links und an der folgenden Gabelung rechts. Bald liegt vor uns Obermarchtal, zu dem uns eine schmale Brücke hinüberleitet. Am Ortsrand von **Obermarchtal** rechts in den Mühlenweg, der uns nach 500 m zu einer Vorfahrtsstraße führt. Links geht es zum nahen Kloster, das nach seiner Gründung im 12. Jh. schnell zu Macht und Reichtum kam und um das Jahr 1500 zur Reichsabtei erhoben wurde. Die heutige Anlage wurde im 17. und 18. Jh. erbaut. Glanzstück ist die Barock-Kirche. Sie ist mit reichem Stuck ausgeschmückt und enthält neben dem mächtigen Hochaltar weitere wertvolle Altäre. Ab 1803 wurde der Klosterkomplex zu einer Schlossanlage umgestaltet.

Vom Kloster folgen wir der Hauptstraße zurück durch den Ort. Eine Unterführung bringt uns unter der B 311 hindurch. Nach der Bundesstraße kurz nach links, dann rechts und nach kurzer Fahrt linkshaltend auf einem Wirtschaftssträßchen nach Osten. Eine Querstraße leitet uns links nach **Untermarchtal** hinab. Auf der Hauptstraße nach rechts über die Donau und bis kurz vor die auf einem Hügel gelegene, Ende des 18. Jhs. erbaute und üppig ausgemalte **Wallfahrtskirche Frauenberg**.

Wir biegen rechts ab und fahren über das Dörfchen **Algershofen** zu einer Vorfahrtsstraße, auf der wir links in das Stadtzentrum von **Munderkingen** gelangen.

Vor der Abfahrt zur Donau links in die Martinstraße, die uns in Kurven durch die hübsche, in einer Donauschleife gelegene Altstadt führt. Neben

In einer engen Schleife umfließt die Donau die Altstadt von Munderkingen.

Essen und Trinken: In Daugendorf, Zwiefalten, Zwiefaltendorf, Rechtenstein, Obermarchtal, Untermarchtal, Munderkingen, Rottenacker, Dettingen und Ehingen.
Unterkunft: Zwiefaltendorf: Brauereigasthof Rößle, Tel. 07373 / 322 oder 643; Zwiefalten: Mehrere Gasthöfe und Pensionen; Rechtenstein: Bahnhofsgaststätte, Tel. 07375 / 315; Gasthaus zur Brücke Tel. 07375 / 257; Obermarchtal: Mehrere Privatunterkünfte; Munderkingen: Mehrere Hotels und Gaststätten; Dettingen: Gasthaus Knupfer, Tel. 07391 / 24 88; Gasthaus Donaustuben, Tel. 07391 / 89 16; Ehingen: Größere Auswahl an Hotels und Gasthöfen.
Sehenswertes: Zwiefaltendorf: Schloss, Kirche und Tropfsteinhöhle; Zwiefalten: Ehemaliges Kloster; Rechtenstein: Mittelalterliche Burgruine; Obermarchtal: Ehemaliges Kloster; Munderkingen: Altstadt; Ehingen: Altstadt mit Herz-Jesu-Kirche, Liebfrauenkirche, Pfarrkirche und Heilig-Geist-Spital.
Auskunft: Zwiefalten: Bürgermeisteramt, Tel. 07373 / 205 20; Obermarchtal: Bürgermeisteramt, Tel. 07375 / 205; Rechtenstein: Bürgermeisteramt, Tel. 07375 / 244; Munderkingen: Stadtverwaltung, Tel. 07393 / 59 80; Ehingen: Städtisches Fremdenverkehrsamt, Tel. 07391 / 50 31 42.

einer Anzahl gut erhaltener Fachwerkhäuser ist die im 15. Jh. erbaute Stadtkirche sehenswert, die mit Bildwerken der Ulmer Schule und herrlichem Chorgestühl aufwarten kann. Vorbei am 1563 erbauten Rathaus mit markantem Staffelgiebel lassen wir die Räder zur Donau hinabrollen.
Nach der Brücke halten wir uns rechts und fahren entlang der Landstraße nach **Rottenacker**. Wir überqueren die Bahnlinie, wenden uns nach links und radeln nach wenigen Metern rechts über den Fluss. An der folgenden Straße nach links und kurz nach dem Ortsende links auf ein Nebensträßchen. Nun führt uns der Donau-Radweg durch das Rottenacker Ried nahe der Donau bis **Dettingen**. Dort überqueren wir die Donau und erreichen rechtshaltend die Hauptstraße. Auf ihr fahren wir nach rechts und im Bogen bis zu einer Kreuzung vor dem Stadthügel von **Ehingen**. Wir bleiben links und folgen der Hauptstraße, bis wir eine Fußgängerampel erreichen.
Nun überqueren wir die Straße, fahren kurz geradeaus und halten uns unterhalb der Liebfrauenkirche links, bis wir rechts in Richtung Stadtmitte abbiegen. Geradeaus zum **Heilig-Geist-Spital**, vor dem wir rechts abbiegen. Ein kurzer Anstieg bringt uns geradewegs zum weiten **Marktplatz** von Ehingen. Die im 13. Jh. gegründete Stadt kam im 14. Jh. zu Österreich, bei dem es bis 1806 verblieb. In der Altstadt findet man die frühbarocke Herz-Jesu-Kirche, die Pfarrkirche St. Blasius mit sehenswerten Altären, das Ritterhaus, das Ständehaus und das Rathaus, die alle nach den Verwüstungen des Dreißigjährigen Krieges erbaut wurden. Im Heilig-Geist-Spital, einem mächtigen Renaissance-Fachwerkbau, ist das Heimatmuseum untergebracht. In der Unterstadt beherbergt die barocke Liebfrauenkirche prunkvolle Altäre und eine spätgotische Madonnenfigur der Ulmer Schule.

Tipp In Ehingen findet man eine Anzahl empfehlenswerter Unterkünfte. Erwähnt seien das Hotel Linde (Tel. 07391 / 580 50) in der Lindenstraße, das Hotel Ochsen (Tel. 07391 / 535 68) in der Schulgasse, das Gasthaus Sonne (Tel. 07391 / 68 85) und der Brauereigasthof Schwert (Tel. 07391 / 12 88) am Viehmarkt.

leicht

36 km

↑ 40 m
↓ 80 m

2 ½ Std.

Von Ehingen entlang der Donau nach Ulm

Ehingen – Öpfingen – Ersingen – Erbach – Ulm-Gögglingen – Ulm

In Ehingen gabelt sich der Donau-Radweg in zwei Alternativrouten. Die kürzere ist jene entlang der Donau, die vorbei am Schlossberg von Erbach durch flache Auenlandschaften in die geschichtsträchtige Donaumetropole Ulm mit seinem alles überragenden Münster leitet.

Vorbei an Erbach leitet der ruhige Dammweg am Ufer der Donau entlang.

Tourenverlauf

Wir beginnen die Tour auf dem Marktplatz in **Ehingen**. Am Rathaus vorbei fahren wir zur Hauptstraße, auf ihr kurz nach links und dann rechts in die Müllerstraße. Wir mühen uns den steilen Berg hinauf und biegen am höchsten Punkt links in den Radweg, der uns auf einem Hügelkamm nach **Nasgenstadt** führt. Dort auf der Straße nach rechts und nach kurzer Fahrt rechts in den Kapellenweg. An der Gabelung halten wir uns wieder rechts und lassen die Räder durch Nasgenstadt hinabrollen.

Wir treffen auf die Landstraße, auf der wir rechts über die Donau nach **Griesingen** radeln. Wir fahren geradewegs durch den Ort und biegen nach der Kirche links in den Riedweg. Bei erster Gelegenheit lenken wir nach rechts und radeln bald links auf der Kreisstraße nach **Öpfingen**. Am

Tourencharakter: Meist auf Nebenstrecken durch das breite, flache Donautal bis in das Zentrum von Ulm.
Ausgangspunkt: Der Marktplatz von Ehingen.
Endpunkt: Das Stadtzentrum von Ulm.
Anreise und Rückfahrt: Ehingen liegt westlich von Ulm im Tal der Donau und besitzt einen Bahnanschluss. Rückkehrmöglichkeit nach Ehingen mit der Bahn.
Streckenverlauf: Öpfingen: 7 km; Erbach: 14 km; Ulm-Gögglingen: 6 km; Ulm: 9 km.
Kombination: In Ehingen Anschluss an Tour 6, in Ulm an Tour 9. Kann mit Tour 8 zu einer 76 Kilometer langen Rundtour verbunden werden.
Wegweisung: Die Wegweiser des Donau-Radweges.
Karte: ADFC-Radtourenkarte 1 : 150 000, Blatt 25 »Bodensee – Schwäbische Alb«.

Ortsrand halten wir uns rechts und fahren auf angenehmen Sträßchen bis nach **Ersingen**. Wir treffen auf eine Vorfahrtsstraße, die uns links in das Ortszentrum bringt. Auf der Mittelstraße radeln wir geradeaus bis zur Kirche, an der sich der Weg gabelt. Man kann sich links halten und trifft bald auf die Hauptstraße, der man nach rechts folgt. Oder man fährt an der Kirche rechts in die Römerstraße und dann linkshaltend auf einem Fußweg bis zum Badesee, der zu einer wohltuenden Erfrischungspause einlädt. Vor dem See hält man sich links und trifft nach kurzer Fahrt an der Hauptstraße auf die erstgenannte Variante.

Tipp In Erbach bietet sich ein kurzer Abstecher zum wuchtigen Renaissance-Schloss an. Nach einer Besichtigung empfiehlt sich eine Einkehr im ausgezeichneten Schloss-Restaurant.

Wieder vereint biegt der Weg von der Hauptstraße links zum Donauwehr hin ab. Zwischen Stausee und Donaukanal radeln wir zum Ortsrand von **Erbach** und dort unter der Eisenbahnlinie hindurch zur Riedmühle. Hier gabelt sich erneut die Strecke. Links führt der Hauptweg entlang der verkehrsreichen Straße nach Erbach hinein. Ein Abstecher leitet von dort links auf den Schlossberg. Auf einem Vorgängerbau wurde 1550 das mächtige Renaissance-Schloss errichtet. Im Inneren besticht ein herrlich ausgestatteter Barocksaal. Von der verkehrsreichen Hauptstraße

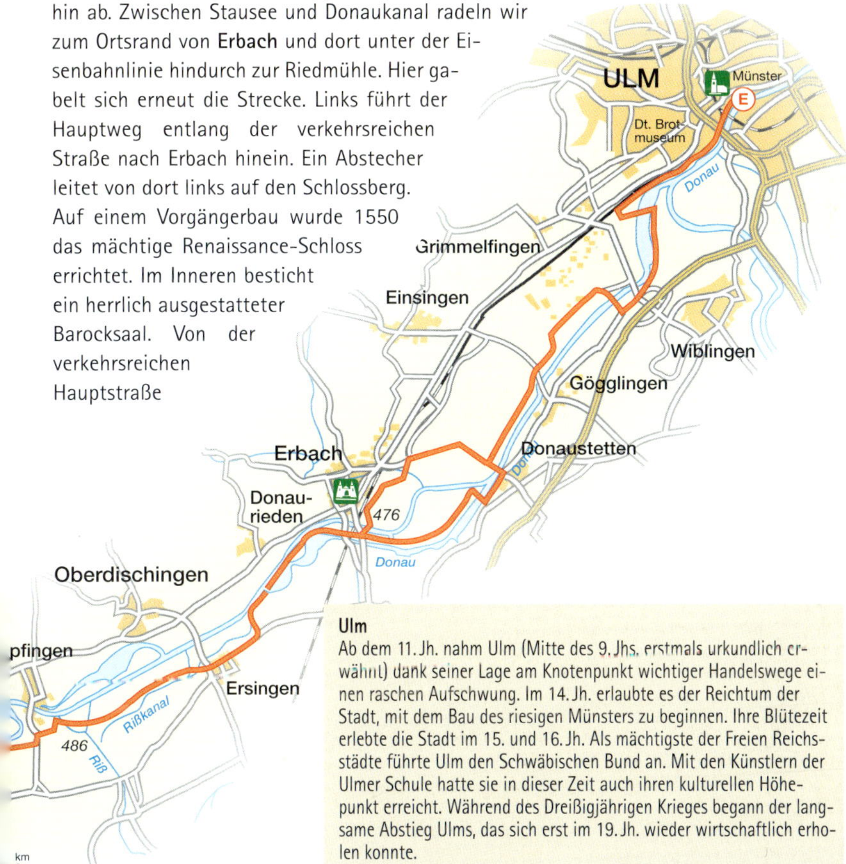

Ulm
Ab dem 11. Jh. nahm Ulm (Mitte des 9. Jhs. erstmals urkundlich erwähnt) dank seiner Lage am Knotenpunkt wichtiger Handelswege einen raschen Aufschwung. Im 14. Jh. erlaubte es der Reichtum der Stadt, mit dem Bau des riesigen Münsters zu beginnen. Ihre Blütezeit erlebte die Stadt im 15. und 16. Jh. Als mächtigste der Freien Reichsstädte führte Ulm den Schwäbischen Bund an. Mit den Künstlern der Ulmer Schule hatte sie in dieser Zeit auch ihren kulturellen Höhepunkt erreicht. Während des Dreißigjährigen Krieges begann der langsame Abstieg Ulms, das sich erst im 19. Jh. wieder wirtschaftlich erholen konnte.

Tipp Preiswerte Unterkünfte im Stadtzentrum von Ulm bieten unter anderem das Münster-Hotel am Münsterplatz (Tel. 0731 / 641 62), das Hotel Anker in der Rabengasse (Tel. 0731 / 632 97) und das Hotel Bäumle in der Kohlgasse (Tel. 0731 / 622 87).

biegen wir in Erbach rechts in die nach **Donaustetten** ausgeschilderte Straße ein. Ein Radweg führt uns zur Donaubrücke, vor der wir links einbiegen.

Wer nicht das Ortszentrum von Erbach und das Schloss besuchen möchte, der hält sich an der Riedmühle rechts und folgt auf dem Dammweg dem Donauufer. Am Kraftwerk überqueren wir den Fluss und radeln links zur Donaubrücke bei **Donaustetten**. Links über die Brücke und mit der Strecke über Erbach vereint rechts in den Feldweg. Wir folgen dem linken Ufer der Donau und radeln danach am Gewerbegebiet Donautal entlang. Am Druckzentrum knickt die Strecke nach rechts und eine schmale Brücke bringt uns über die Donau zur Laupheimer Straße. Wir halten uns links, radeln unter der Hauptstraße hindurch und biegen nach 100 m links ab. An der Donau entlang erreichen wir in reizvoller Landschaft das **Kraftwerk Wiblingen** und überqueren die Donau. Wir fahren bis vor die Eisenbahnlinie, halten uns dort rechts und folgen dem Donauufer bis zum Fischerviertel am Südrand der Altstadt von **Ulm**. Nach links führen hier verschiedene Straßen in das Stadtzentrum mit dem alles überragenden Münster.

Essen und Trinken: In Nasgenstadt, Öpfingen, Ersingen, Erbach, Ulm-Donaustetten, Ulm-Gögglingen und Ulm.
Unterkunft: Nasgenstadt: Hotel Panorama, Tel. 07391 / 545 00; Öpfingen: Gasthaus Ochsen, Tel. 07391 / 61 29; Ersingen: Mehrere Privatunterkünfte; Erbach: Mehrere Hotels und Gasthöfe; Ulm-Donaustetten: Gasthaus zum Kreuz, Tel. 07305 / 71 60: Ulm-Gögglingen: Gasthof zum Ritter, Tel. 07305 / 73 65 oder 60 25; Gasthof Sonne, Tel. 07305 / 72 32; Ulm und Neu-Ulm: Große Auswahl an Hotels, Gasthöfen und Pensionen.
Preiswerte Unterkunft: Ulm: Geschwister-Scholl-Jugendherberge, Tel. 0731 / 38 44 55.
Camping: Ersingen: Zeltmöglichkeit am Badesee, Auskunft Tel. 07305 / 74 60.
Sehenswertes: Erbach: Renaissance-Schloss; Ulm: Altstadt mit Münster und Fischerviertel.
Tourist-Info: Öpfingen: Bürgermeisteramt, Tel. 07391 / 61 96; Erbach: Bürgermeisteramt, Tel. 07305 / 130; Ulm: Tourist-Information Ulm / Neu-Ulm, Tel. 07 31/ 161 28 30.

Der Turm des Ulmer Münsters ist der höchste Kirchturm weltweit.

Das Ulmer Münster
Unübersehbarer Mittelpunkt Ulms ist das **Münster**, nach dem Kölner Dom zweitgrößte gotische Kirche Deutschlands. Mit 161,6 m ist ihr Turm der höchste Kirchturm weltweit. 1377 wurde mit dem Bau des Münsters begonnen und erst 1890 konnte der Turm vollendet werden. Durch formenreich geschmuckte gotische Portale betritt man den in gedämpftem Licht aufstrebenden Kirchenraum. Besondere Beachtung verdienen die alten Glasfenster im Chor, das spätgotische Chorgestühl und der Sippenaltar von 1521.
Weitere Sehenswürdigkeiten in der Altstadt sind das Rathaus aus dem 14. Jh. mit reichen Wandmalereien und das benachbarte Ulmer Museum mit Kunstgegenständen aus dem schwäbischen Raum und einer vor- und frühgeschichtlichen Sammlung. Vom 1613 erbauten Schwörhaus im Fischerviertel musste alljährlich das Stadtoberhaupt den Eid auf die Stadtregeln ablegen. Im Reichenauer Hof befindet sich ein Freskenzyklus aus dem 14. Jh. An der Mündung der Blau in die Donau liegt das malerische Fischer- und Gerberviertel mit seinen Brücken, verwinkelten Gassen und schiefen Fachwerkhäusern. Am Donauufer findet man den im 14. Jh. erbauten Metzgerturm, der sich um 2 m zur Seite neigt und daher »Schiefer Turm von Ulm« genannt wird. Von der Adlerbastion stürzte 1811 der Schneider von Ulm in die Donau, als er versuchte, mit einem selbst gebauten Fluggerät die Donau zu überqueren.

leicht

40 km

↑ 40 m
↓ 80 m

3 ½ Std.

Von Ehingen durch das Blautal nach Ulm

Ehingen – Allmendingen – Schelklingen – Blaubeuren – Blaustein-Klingenstein – Ulm

Als empfehlenswerte Alternative zum Radweg entlang der Donau bietet sich zwischen Ehingen und Ulm die Fahrt durch das Urdonautal an. Bis vor 200 000 Jahren floss die Donau in diesem windungsreichen Tal, ehe sie weiter südlich den einfacheren Weg nach Ulm fand.

Tourenverlauf

Wir beginnen die Tour auf dem **Marktplatz** von **Ehingen**. Von hier leitet uns die Bahnhofstraße abwärts. Wir wenden uns nach dem Postamt nach rechts, durchqueren den Park und halten uns an seinem Ende links. Auf einem Radweg fahren wir an der Schmiech entlang. Wir stoßen auf die Rosenstraße, die uns links nach **Berkach** führt. Rechtshaltend radeln wir in den Ort und dann am Rand des Allmendinger Rieds nach **Klein-Allmen-**

Tourencharakter: Auf Feldwegen und Nebenstraßen ohne große Anstrengungen durch tief eingeschnittene Täler über Blaubeuren nach Ulm.
Ausgangspunkt: Der Marktplatz von Ehingen.
Endpunkt: Das Stadtzentrum von Ulm.
Anreise und Rückfahrt: Ehingen liegt westlich von Ulm im Tal der Donau und besitzt einen Bahnanschluss. Rückkehrmöglichkeit von Ulm nach Ehingen mit der Bahn.
Streckenverlauf: Schelklingen: 12 km; Blaubeuren: 8 km; Blaustein-Klingenstein: 12 km; Ulm: 8 km.
Kombination: In Ehingen Anschluss an Tour 6, in Ulm an Tour 9. Kann mit Tour 7 zu einer 76 Kilometer langen Rundtour verknüpft werden.
Wegweisung: Die Wegweiser des Donau-Radweges.
Karte: ADFC-Radtourenkarte 1 : 150 000, Blatt 25 »Bodensee – Schwäbische Alb«.

In der Klosterkirche von Blaubeuren befindet sich ein spätgotischer Altar.

dingen. Wir fahren geradewegs durch das Dorf und biegen vor der Bahnlinie links ab. Nach zwei Kilometern stoßen wir auf eine Vorfahrtsstraße, auf die wir rechtshaltend einbiegen. Nach kurzer Fahrt bringt uns links ein Nebensträßchen zum bewaldeten Talhang, vor dem wir rechts nach **Schmiechen** radeln.

Hier fahren wir rechtshaltend zur B 492 und an ihr entlang in das nahe **Schelklingen**, über dem der Bergfried der Burgruine Hohenschelklingen aufragt. Neben einer Anzahl historischer Fachwerkhäuser findet man am Marktplatz das alte Rathaus, in dem das Schelklinger Heimatmuseum untergebracht ist. Dort sind Steinzeitfunde vom »Hohlen Fels« ausgestellt, der in der Nähe das Tal überragt. Unbedingt sehenswert ist die St. Afra-Kapelle mit einem herrlichen, vollständig erhaltenen gotischen Freskenzyklus (Schlüssel im Café Bachner). Ein Abstecher führt von Schelklingen in einer ehemaligen Flussschlinge der Donau rund um den Lützelberg zum ehemaligen Kloster Urspring. Hier entspringt in einer Karstquelle die Ach, der wir von Schelklingen nach Blaubeuren folgen.

Der Donau-Radweg lässt das Ortszentrum von Schelklingen links und folgt der B 492. Kurz nach dem Abzweig nach Ringingen biegen wir rechts ab. Vorbei am Freibad radeln wir zum **Hohlen Fels**. Im von Höhlen durchlöcherten Jurafels lebten während der Eiszeit altsteinzeitliche Jäger. Etwa einen Kilometer weiter auf einem Quersträßchen kurz nach links und dann rechts zum **Bruckfels** am Ortsrand von **Weiler**. In den Felsen versteckt liegt die »Geißenklösterle« genannte Höhle, die zu den bedeutendsten Fund-

Tipp Besonders stimmungsvoll ist Blaubeuren, wenn abends der Touristenstrom versiegt. Als Unterkunft bieten sich das altehrwürdige Hotel Löwen (Tel. 07344/966) am Marktplatz, das Hotel Ochsen (Tel. 07344/66 65 und 62 65) in der Marktstraße und die Gaststätte Blautopf (Tel. 07344/ 77 67) an.

plätzen aus der Altsteinzeit zählt. Man stieß hier auf 30 000 Jahre alte Elfenbeinschnitzereien und einen vor 37 000 Jahren bemalten Stein, der als älteste Malerei in Europa gilt.

Wir überqueren die Ach und wenig später die Bundesstraße. Ein Radweg führt uns bis zum Ortsrand von Blaubeuren. An einer Ampel überqueren wir die Bundesstraßenkreuzung und fahren danach in die Weilerstraße. Nach kurzer Fahrt biegen wir rechts in den Talmühlweg und radeln dann auf der Karlstraße links in das Zentrum von **Blaubeuren**.

Vor dem Blautopf fahren wir nach rechts, überqueren rechtshaltend die Blau und folgen den Wegweisern, die uns durch das von Felstürmen überragte Tal führen. Unser Weg quert bald unter der Eisenbahnlinie hindurch und bringt uns kurz darauf zur B 28. Wir radeln auf der Bundesstraße links

Höhlenreiche Felsabbrüche ragen über dem Tal der Blau auf.

Blaubeuren
Die Geschichte von Blaubeuren begann mit der Gründung des Klosters im Jahre 1085. Neben dem Fachwerkrathaus aus dem 15. Jh. und zahlreichen alten Bürgerhäusern verdient die Stadtkirche dank eines gotischen Altars der Ulmer Schule besondere Beachtung. Das nahe gelegene Heilig-Geist-Spital beherbergt das sehenswerte urgeschichtliche Museum. Es zeigt die reichen Funde aus den Höhlen rund um Blaubeuren, in denen Neandertaler und frühe Steinzeitmenschen lebten. Vom Stadtzentrum sind es nur wenige Meter zum berühmten Kloster. Die um 1500 erbauten Fachwerkgebäude sind perfekt renoviert und der spätgotische Altar in der Klosterkirche gilt als herausragendes Werk der Ulmer Schule. Am Hangfuß hinter dem Kloster liegt die bekannteste Karstquelle Deutschlands, der in geheimnisvollen Grün- und Blautönen leuchtende Blautopf. An seinem Rand steht eine 500 Jahre alte Hammerschmiede.

in das nahe **Gerhausen** und dort rechts in eine Nebenstraße. Wir fahren den Wegweisern folgend geradewegs durch den Ort und lassen danach die Räder links zu einer Querstraße hinabrollen. Sie führt uns nach rechts und geht am Ortsrand in einen schmalen Weg über. Er leitet uns rechts der Blau am Fuße des Talhanges nach **Arnegg.** Wir radeln geradewegs durch das Dorf und finden am Ortsende links einen Kiesweg, der uns über Wiesen nach **Klingenstein** bringt. Wir überqueren geradewegs die Hauptstraße und fahren auf der Arnegger Straße bis zur B 32. Rechtshaltend folgen wir der vielbefahrenen Straße und biegen nach wenigen hundert Metern rechts in eine Seitenstraße.

Nach wenigen Metern halten wir uns hinter dem Flüsschen links und folgen dem Radweg bis in einen Vorort von Ulm. Nach einem kurzen Rechts-Links-Knick leiten uns die Wegweiser des Donau-Radweges wieder hinab zum Flüsschen und auf einem Radweg folgen wir dem Ufer. Bald führt der Weg links über die schmale Brücke und wir radeln geradewegs bis zu einer Vorfahrtsstraße. Auf sie biegen wir links ein und erreichen eine breite Straße, auf der wir nach rechts fahren. Nach ca. 400 m zweigen wir links auf eine Nebenstraße ab und finden nach der Brücke über die Blau rechts einen schmalen Weg. Auf ihm radeln wir am linken Ufer der Blau entlang, bis wir den Radweg an der Hindenburgstraße erreichen. Wir folgen ihm nach rechts und biegen nach ca. 600 m links ab. Nach zwei Unterführungen erreichen wir geradewegs die Fußgängerzone im **Stadtzentrum** von **Ulm** (Info Ulm siehe Tour 7).

Essen und Trinken: In Allmendingen, Schmiechen, Schelklingen, Weiler, Blaubeuren, Gerhausen, Arnegg, Blaustein-Klingenstein und Ulm.
Unterkunft: Allmendingen und Schmiechen: Jeweils zwei Gasthöfe; Schelklingen: Gasthaus Sonne, Tel. 07394/10 03; Weiler: Hotel Forellenfischer, Tel. 07344/50 24; Blaubeuren: Mehrere Hotels und Gaststätten; Blaustein-Arnegg: Gasthaus zum Kreuz, Tel. 07304/66 48; Blaustein-Klingenstein: Hotel Kalte Herberge, Tel. 07304/961 90; Ulm und Neu-Ulm: Große Auswahl an Hotels, Gasthöfen und Pensionen.
Preiswerte Unterkunft: Blaubeuren: Jugendherberge, Tel. 07344/64 44.
Sehenswertes: Schelklingen: Altstadt mit Heimatmuseum, St. Afra-Kapelle und Burg Hohenschelklingen; Blaubeuren: Altstadt mit urgeschichtlichem Museum, Kloster mit Klosterkirche und der Blautopf; Ulm: Altstadt mit Münster und Fischerviertel.
Tourist-Info: Schelklingen: Fremdenverkehrsverein Schmiechtal, Tel. 07394/24 80; Blaubeuren: Fremdenverkehrsstelle, Tel. 07344/92 10 25; Blaustein: Bürgermeisteramt, Tel. 07304/80 20; Ulm: Tourist-Information Ulm/Neu-Ulm, 073 1/161 28 30.

leicht

28 km

↑ 20 m
↓ 30 m

2 Std.

Von Ulm nach Günzburg

Ulm – Unterelchingen – Weißingen – Leipheim – Günzburg

Durch die weiten, flachen Donauauen führt uns diese Etappe von Baden-Württemberg nach Bayern. Bevor die Tour in der hübschen Altstadt von Günzburg endet, führen lohnende Abstecher zur Klosterkirche von Oberelchingen und nach Leipheim.

Tourenverlauf

Wir starten am nördlichen Donauufer in **Ulm** und folgen dem Fluss nach Osten. Ein Radweg bringt uns bald entlang einer Straße bis zu einer Ampel kurz vor Thalfingen. Wir folgen links dem schmalen Weg, der unter der Bahnlinie hindurch nach **Thalfingen** führt. Auf ihm rechtshaltend in die Bahnhofstraße und dann auf der Donaustraße nach links. Dann rechts auf der Elchinger Straße aus dem Ort und auf der Hauptstraße an **Oberelchingen** vorbei nach **Unterelchingen**. Hier rechts in die nach Weißingen ausgeschilderte Straße und geradewegs über die Autobahn. Bei den ersten Häusern von **Weißingen** rechts halten und im Dorf rechts in einen Forst-

Tourencharakter: Ohne nennenswerte Steigungen auf Straßen und Feldwegen durch das weite Donautal.
Ausgangspunkt: Das Donauufer in Ulm.
Endpunkt: Die Altstadt von Günzburg.
Anreise und Rückfahrt: Ulm ist hervorragend mit Auto und Bahn zu erreichen. Rückkehrmöglichkeit von Günzburg nach Ulm mit der Bahn.
Streckenverlauf: Unterelchingen: 12 km; Leipheim: 8 km; Günzburg: 8 km.
Kombination: In Ulm Anschluss an Tour 7 und 8, in Günzburg an Tour 10.
Wegweisung: Die Wegweiser des Donau-Radweges.
Karte: ADFC-Radtourenkarte 1 : 150 000, Blatt 25 »Bodensee – Schwäbische Alb«.

Tipp Auf dieser nicht allzu langen Etappe bietet sich ein Abstecher zum Kloster Oberelchingen mit seiner Rokoko-Kirche an. Dort kann man sich in den Klosterstuben für die Weiterfahrt stärken.

weg, der uns geradewegs nach fünf Kilometern zur Donaubrücke bringt. Über die Brücke leitet ein kurzer Abstecher in das hübsche Städtchen **Leipheim**. Der Donau-Radweg bleibt auf der Nordseite der Donau und führt unter der Straße hindurch. Nach dem Schützenhaus an einer Weggabelung nach rechts und geradewegs bis zur Hauptstraße, an der wir nach rechts radeln. Nach ca. 500 m weist die Hauptroute des Donau-Radweges nach links und umgeht Günzburg. Wir radeln jedoch geradewegs auf der Hauptstraße über die Donau und von der großen Kreuzung links hinauf zur Altstadt von **Günzburg**. Durch das Untere Tor erreicht man den großzügigen Marktplatz. Im 16. Jh. wurden das Markgräfliche Schloss und die Schlosskapelle erbaut. Nach Plänen von Dominikus Zimmermann entstand 1735 die herrliche Frauenkirche.

Essen und Trinken: In Thalfingen, Unterelchingen, Weißingen, Leipheim und Günzburg.
Unterkunft: Thalfingen: Gasthaus Austüble, Austr. 26, Tel. 0731 / 26 31 35; Unterelchingen, Leipheim und Günzburg: Jeweils mehrere Hotels, Gasthöfe und Pensionen.
Preiswerte Unterkunft: Günzburg: Jugendherberge 08221 / 344 87; Naturfreundehaus, Tel. 08221 / 61 03.
Camping: Günzburg: Zeltplatz am Naturfreundehaus, Tel. 08221 / 61 03.
Sehenswertes: Oberelchingen: Klosterkirche; Leipheim: Renaissance-Schloss und Altstadt; Günzburg: Altstadt mit Frauenkirche, Schloss und Heimatmuseum.
Tourist-Info: Unterelchingen: Gemeindeverwaltung, Tel. 0731 / 206 60; Leipheim: Stadtverwaltung, Tel. 08221 / 70 70; Günzburg: Tourist-Information, Tel. 08221 / 36 63 36.

Der lang gezogene Marktplatz in Günzburg.

leicht

28 km

↑ 70 m
↓ 90 m

2 ½ Std.

Von Günzburg nach Dillingen

Günzburg – Offingen – Gundelfingen – Lauingen – Dillingen

Nach anfänglichem Auf und Ab führt diese Tour ab Offingen ohne Mühen durch das weite Tal der Donau. Neben den hübschen Altstädten von Gundelfingen, Lauingen und Dillingen lockt die römische Tempelanlage im Dörfchen Faimingen zum Verweilen.

Tourenverlauf

Wir beginnen unsere Tour am Bahnhof von **Günzburg** und fahren die Bahnhofstraße aufwärts zu einer Kreuzung. Wir halten uns links und biegen nach kurzer Fahrt rechts in die Reisensburger Straße. Nun radeln wir 1,5 Kilometer auf der Hauptstraße geradeaus, bis wir in **Reisensburg** kurz nach dem Gasthaus zum Hasen links auf die Georg-Lacher-Straße abzweigen. Am Fuße des Burghügels halten wir uns rechts und folgen der Straße zu einer kleinen Kirche, neben der die Auffahrt zur Reisensburg abzweigt. Sie zählt zu den ältesten Burganlagen in weitem Umkreis. Die mittelalterliche Anlage wurde in der Barockzeit zu einem kleinen Schloss umgestaltet, das für die Allgemeinheit nicht zugänglich ist.

An der Kreuzung hinter der Kirche fahren wir geradeaus (von links kommt die Hauptstrecke des Donau-Radweges herauf) die Straße aufwärts, bis sie nach rechts umbiegt. Dort links auf ein Sandsträßchen, am Waldrand rechts und nach 300 m wieder links. Wir radeln geradewegs über einen Höhenrücken und halten uns nach einer kurzen Abfahrt an einer Weggabelung

Die Altstadt von Gundelfingen liegt an dem Flüsschen Brenz.

Tourencharakter: Auf Nebenstraßen und Feldwegen durch das breite Donautal. Nur zu Beginn im Auf und Ab über aussichtsreiche Randhöhen.
Ausgangspunkt: Der Bahnhof in Günzburg.
Endpunkt: Die Altstadt von Dillingen.
Anreise und Rückfahrt: Günzburg liegt nördlich der Ausfahrt Günzburg von der A 8 im Tal der Donau und ist an das Bahnnetz angeschlossen. Rückkehrmöglichkeit von Dillingen nach Günzburg mit der Bahn.
Streckenverlauf: Offingen: 8 km; Gundelfingen: 7 km; Lauingen: 8 km; Dillingen: 5 km.
Kombination: In Günzburg Anschluss an Tour 9, in Dillingen an Tour 11.
Wegweisung: Die Wegweiser des Donau-Radweges.
Karte: ADFC-Radtourenkarte 1 : 150 000, Blatt 25 »Bodensee – Schwäbische Alb«.

Essen und Trinken: In Offingen, Gundelfingen, Echenbrunn, Faimingen, Lauingen und Dillingen.
Unterkunft: Offingen: Pension Lotti, Tel. 08224 / 23 19; Radlerzimmer Wiedenmann, Tel. 08224 / 23 70; Gundelfingen: Mehrere Gasthöfe und Pensionen; Echenbrunn: Gasthof Sonne, Tel. 09073 / 20 55; Lauingen und Dillingen: Größere Anzahl an Hotels, Gasthöfen und Pensionen.
Preiswerte Unterkunft: Gundelfingen: Jugendheim TC Gundelfingen, Tel. 09073 / 24 06; Dillingen: Kanu-Clubhaus, Tel. 09071 / 37 25.
Camping: Dillingen: Campingplatz des Kanu-Clubs, Tel. 09071 / 37 25.
Sehenswertes: Die Reisensburg; Offingen: Schloss; Gundelfingen: Altstadt mit Stadtpfarrkirche, Rathaus und Torturm; Faimingen: Römische Tempelanlage; Lauingen: Altstadt mit Rathaus, Schimmelturm, Herzogsschloss, Martinsmünster und Heimathaus; Dillingen: Altstadt mit Schloss, ehemaliger Universität, Studienkirche, Basilika St. Peter, Franziskanerinnenkloster und Hochstiftmuseum.
Tourist-Info: Gundelfingen: Kulturamt im Rathaus, Tel. 09073 / 81 37; Lauingen: Stadtverwaltung, Tel. 09072 / 70 31; Dillingen: Städt. Verkehrsamt, Tel. 09071 / 541 08 oder 541 09.

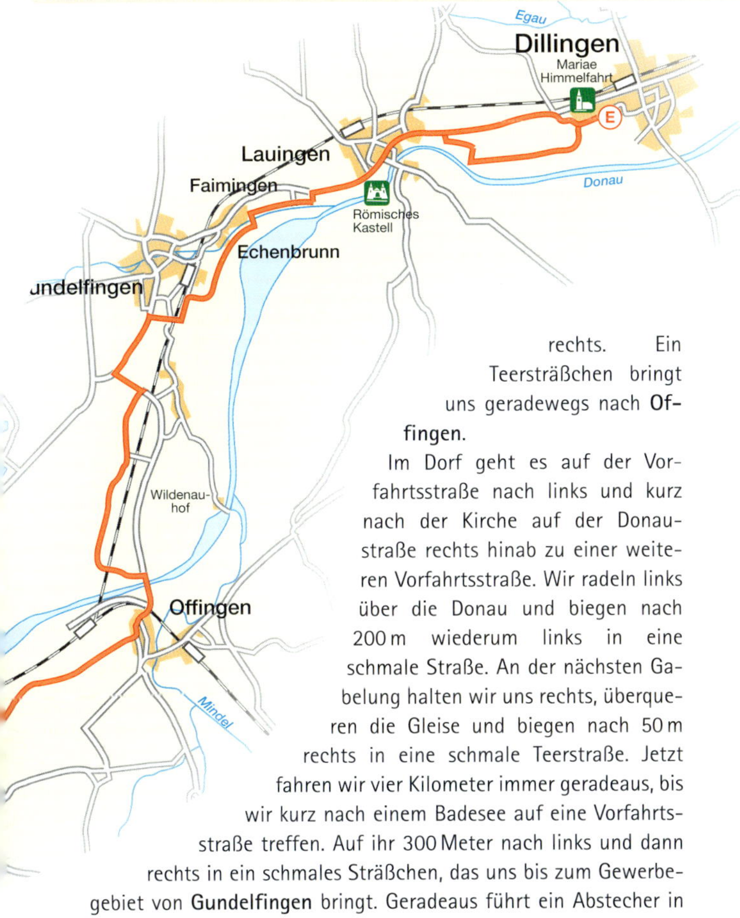

rechts. Ein Teersträßchen bringt uns geradewegs nach **Offingen.**

Im Dorf geht es auf der Vorfahrtsstraße nach links und kurz nach der Kirche auf der Donaustraße rechts hinab zu einer weiteren Vorfahrtsstraße. Wir radeln links über die Donau und biegen nach 200 m wiederum links in eine schmale Straße. An der nächsten Gabelung halten wir uns rechts, überqueren die Gleise und biegen nach 50 m rechts in eine schmale Teerstraße. Jetzt fahren wir vier Kilometer immer geradeaus, bis wir kurz nach einem Badesee auf eine Vorfahrtsstraße treffen. Auf ihr 300 Meter nach links und dann rechts in ein schmales Sträßchen, das uns bis zum Gewerbegebiet von **Gundelfingen** bringt. Geradeaus führt ein Abstecher in

Dillingen
Der im 13. Jh. zur Stadt aufgestiegene Ort kam 1258 zum Augsburger Hochstift und war zeitweise Residenz der Fürstbischöfe. Mitte des 16. Jhs. wurde die Jesuitenuniversität gegründet, deren Geschichte mit der Auflösung des Ordens im Jahre 1773 endete. Ihre Glanzzeit erlebte die Stadt im 17. und 18. Jahrhundert. Deshalb werden die Straßen der Stadt vor allem von barocken Bauwerken geprägt. Sehenswert sind in erster Linie das im 18. Jh. barock umgestaltete Schloss, der prachtvolle »Goldene Saal« im Universitätsgebäude, die Studienkirche mit herrlicher Rokoko-Ausstattung und die barocke Basilika St. Peter, die wie die Klosterkirche der Franziskanerinnen mit Stuck und Fresken im Stil des Rokoko ausgeschmückt ist. Die von barocken Bürgerhäusern umgebene Königsstraße wird vom Mitteltorturm abgeschlossen, der an die alte Stadtbefestigung erinnert. Einen Besuch wert ist das Stadt- und Hochstiftmuseum.

das alte Stadtzentrum an der Brenz. Dort geht es durch den Torturm aus dem 16. Jh. zum türmchengeschmückten Rathaus von 1677 und zur gotischen Stadtkirche, die im 18. Jh. barockisiert wurde.

Der Donau-Radweg knickt auf der Straße vor dem Gewerbegebiet nach rechts, biegt dann rechts in die Stadionstraße und führt linkshaltend an einem Badesee vorbei. Nach dem Badegelände halten wir uns rechts und fahren an der Brenz entlang nach **Echenbrunn**. Wir radeln über die Brücke links in den Ort und halten uns an der folgenden Kreuzung rechts. Nach kurzer Fahrt links in die Mühlenstraße und dann rechts in die Leitenstraße. Wir verlassen den Ort und radeln durch die Wiesen in das nahe **Faimingen**. Geradewegs durch das kleine Dorf mit der großen Geschichte, die sich uns erschließt, wenn wir dem Wegweiser zum römischen Tempel wenige Meter nach rechts folgen. Hier, am Kreuzungspunkt einer wichtigen Römerstraße mit der Donau, erbauten die Römer das Kastell »Phoebiana«, neben dem ein Dorf entstand. Die säulengeschmückten Überreste des römischen Tempels führen uns in die Zeit vor 1900 Jahren zurück.

Die Reste einer Tempelanlage in Faimingen.

Kurz vor dem Ortsende von Faimingen halten wir uns links und treffen auf die B 16, an der entlang uns ein Radweg in das nahe **Lauingen** führt. Wir radeln auf der vielbefahrenen Hauptstraße durch die Stadt. Unübersehbares Wahrzeichen ist der im 15. und 16. Jh. erbaute, 54 Meter hohe Schimmelturm

mit seinen Fresken an der Außenseite. Nebenan steht das klassizistische Rathaus. Den bayerischen Herzögen verdankt die Stadt die im 14. Jh. errichtete Stadtmauer und das Schloss von 1475. Ein Denkmal erinnert an den in Lauingen geborenen Albertus Magnus und im spätgotischen Martinsmünster sind Fresken aus der Erbauungszeit zu entdecken. Am Ortsende können wir zwischen zwei Wegvarianten wählen. Entweder wir folgen der B 16 bis zum Stadtrand von Dillingen. Dort gegenüber dem Abzweig nach Hausen rechts in die Schillerstraße, an der die beiden Varianten wieder zusammentreffen. Oder wir nehmen den angenehmeren Weg, der am Ortsende von Lauingen rechts in die Weihengeystraße abzweigt.

Das Untere Tor erinnert in Günzburg an die alte Stadtbefestigung.

Nach kurzer Fahrt rechts in eine schmale Straße, die zur alten Tuchfabrik hinabführt. Hier links abbiegen und geradewegs durch den ruhigen Auwald, bis wir nach einem kurzen Anstieg den Stadtrand von Dillingen erreichen. Auf einem schmalen Sträßchen kurz zu einer Kreuzung, dort links und geradewegs bis zur Schillerstraße. Wir folgen der breiten Straße nach rechts zum Taxispark, fahren an der Ampel kurz nach rechts und biegen dann links in die Kardinal-Waldburg-Straße. Sie bringt uns direkt zur Königstraße im Stadtzentrum von **Dillingen**.

Tipp In der sehenswerten Altstadt von Dillingen befindet sich in der Conviktstraße das gepflegte Hotel Convikt (Tel. 09071 / 40 55). Empfehlenswert sind unter anderen auch die preiswerteren Unterkünfte im Gasthaus Sonne (Tel. 09071 / 22 01) in der Wittislinger Straße.

leicht

36 km

↑ 30 m
↓ 60 m

3 Std.

Von Dillingen nach Donauwörth

Dillingen – Höchstädt – Blindheim – Tapfheim-Bäldleschwaige – Donauwörth

Durch das weit geschwungene Donautal leitet diese Etappe über Höchstädt und Blindheim, das durch eine blutige Schlacht berühmt wurde, nach Donauwörth. Die an der Romantischen Straße gelegene Stadt besticht durch ihren herrlichen historischen Ortskern.

Tourenverlauf

Wir beginnen die Tour im Stadtzentrum von **Dillingen** auf der Königstraße, über die wir zum Mitteltorturm radeln. Nach der Tordurchfahrt halten wir uns rechts und erreichen eine Ampelkreuzung. Hier gabelt sich der Donau-Radweg. Die kürzere, dafür aber weniger schöne Variante ent-

Essen und Trinken: In Steinheim, Höchstädt, Sonderheim, Blindheim, Tapfheim-Bäldleschwaige und Donauwörth.
Unterkunft: Steinheim: Gasthaus Ochsen, Tel. 09074/13 38; Höchstädt: Mehrere Hotels und Gasthöfe; Sonderheim: Gasthaus Alte Donau, Tel. 09074/32 20; Gasthaus Heigl, Tel. 09074/10 66; Donauwörth: Größere Anzahl von Hotels, Gaststätten und Pensionen.
Preiswerte Unterkunft: Donauwörth: Jugendherberge, Tel. 0906/51 58.
Camping: Donauwörth: Kanu-Club Donauwörth, Tel. 0906/226 05 (ab 16 Uhr).
Sehenswertes: Höchstädt: Altstadt mit herzoglichem Schloss, Pfarrkirche und Heimatmuseum; Donauwörth: Altstadt mit Gebäuden entlang der Reichsstraße, Liebfrauenmünster, Stadtbefestigung, Käthe-Kruse-Puppenmuseum, Archäologisches Museum, Stadt- und Heimatmuseum und die Wallfahrtskirche »Heilig-Kreuz«.
Auskunft: Höchstädt: Verkehrsamt, Tel. 09074/44 12; Donauwörth: Verkehrsamt, Tel. 0906/78 91 45.

Tourencharakter: Großteils auf Nebenstrecken durch das weite, ebene Bauernland in der Donauniederung.
Ausgangspunkt: Die Altstadt von Dillingen.
Endpunkt: Das Rathaus im Stadtzentrum von Donauwörth.
Anreise und Rückfahrt: Dillingen liegt auf halbem Weg zwischen Günzburg und Donauwörth im Tal der Donau und besitzt einen Bahnanschluss. Rückkehrmöglichkeit von Donauwörth nach Dillingen mit der Bahn.
Streckenverlauf: Höchstädt: 10 km; Blindheim: 6 km; Tapfheim-Bäldleschwaige: 12 km; Donauwörth: 8 km.
Kombination: In Dillingen Anschluss an Tour 10, in Donauwörth an Tour 12 und Tour 16.
Wegweisung: Die Wegweiser des Donau-Radweges.
Karte: ADFC-Radtourenkarte 1 : 150 000, Blatt 22 »Fränkische Alb – Altmühl«.

lang der B 16 leitet die Radfahrer linkshaltend über den »Kasernenplatz«. Man fährt dann auf der Straße »Am Galgenberg« aufwärts und erreicht die Gutenbergstraße. Auf ihr wendet man sich nach links und biegt anschließend rechts in die Rudolf-Diesel-Straße, die in den Radweg an der B 16 übergeht. Er führt entlang der Bundesstraße in das nahe **Steinheim** und danach geradewegs durch den Ort.

Vorzuziehen ist die ruhigere, aber etwas längere Variante, die in Dillingen zur Donau hinabführt und dann deren Ufer folgt. Wir radeln an der Ampelkreuzung geradeaus zur Donaubrücke, vor der wir links zum Festplatz abbiegen. Nach wenigen Metern halten wir uns rechts und erreichen den Donaudamm, der uns am nördlichen Flussufer entlang führt. Nach drei Kilometern biegen wir links ab und fahren zwischen Fischweihern zu einer Weggabelung. Wir halten uns rechts und erreichen **Steinheim**. Wir folgen der Jahnstraße, die in die Jä-

Im Hintermeierhaus findet man das Heimatmuseum von Donauwörth.

gerstraße übergeht und biegen dann rechts in die Römerstraße. Nach kurzer Fahrt bringt uns die Markomannenstraße zur B 16, an der die beiden Varianten wieder zusammentreffen.

An der Bundesstraße entlang leitet nun der Donau-Radweg in das nahe Stadtzentrum von **Höchstädt**. Die 1442 erbaute Pfarrkirche birgt einen schönen Barock-Hochaltar und eine spätgotische Madonna. An der Kreuzung vor der Kirche muss man sich wieder zwischen zwei Varianten entscheiden. Etwas kürzer ist der Weg, der entlang der Bundesstraße durch Höchstädt führt. Am Stadtrand biegt man rechts in die Straße nach Sonderheim ein und radelt geradewegs durch **Sonderheim** bis nach **Blindheim**.

Wir folgen jedoch der schöneren und ruhigeren Strecke und biegen vor der Kirche von **Höchstädt** rechts in die nach Wertingen ausgeschilderte Straße. Vorbei am wuchtigen herzoglichen Schloss, das Ende des 16. Jhs. im Stil der Renaissance erbaut wurde, verlassen wir die Stadt. Nach 1,5 km biegen wir links in ein Wirtschaftssträßchen ein. Wir folgen der guten Be-

Einstmals bewachte Donauwörth die Mündung der Wörnitz in die Donau.

schilderung und radeln am östlichen Rand einer Teichlandschaft nach **Sonderheim**.

Im kleinen Dorf halten wir uns auf einer Querstaße rechts und treffen auf die Straße nach Blindheim, auf der die beiden Varianten wieder zusammenfinden. Wir biegen rechts auf die Hauptstraße und radeln nach **Blindheim**, das geradewegs durchfahren wird. Am Ortsrand fand 1704 im spanischen Erbfolgekrieg die Schlacht von Blindheim statt. Kaiserliche und englische Truppen besiegten ein französisch-bayerisches Heer. Der englische Heerführer Marlborough erhielt als Anerkennung für den Sieg von der englischen Königin den »Blendheim Palace«.

Tipp Wenige Kilometer vor Donauwörth liegt direkt am Donau-Radweg der Gasthof Bäldleschwaige (Tel. 09070/217). Mit einem Biergarten, preiswerten Zimmern und einem Zeltplatz hat man sich voll auf die radfahrende Kundschaft eingestellt.

Kurz vor dem Ortsende zweigt unser Weg rechts auf die nach Greimheim ausgeschilderte Straße ab. Für ca. 7 Kilometer müssen wir jetzt der neugebauten Straße folgen, ehe wir links in die nach Tapfheim und Donaumünster führende Straße einbiegen können. Nach 4,5 km passieren wir den Biergarten in **Bäldleschwaige** (auch Zimmer und Zeltplatz) und biegen nach weiteren 500 m kurz vor **Retting** rechts nach Zusum ab. Durch das weiterhin flache Riedland radeln wir nach **Zusum**. Einen Kilometer nach dem Ort fahren wir links auf den Donaudamm hinauf und auf ihm flussab zum Donaukraftwerk. Wir überqueren die Donau und halten uns anschließend rechts. Am Gelände der Firma Eurocopter vorbei, unter der Bahnlinie hindurch und geradeaus durch die Gartenstraße radeln wir zur vorfahrtsberechtigten Bahnhofstraße in **Donauwörth**.

Wir fahren kurz nach rechts und biegen danach links auf die Brücke, die uns über die Wörnitz zur Insel Ried bringt. Die Hindenburgstraße führt uns zum Rieder Tor, durch das wir die Altstadt **Donauwörth** erreichen. Geradeaus sind es nur noch wenige Meter bis zum Rathaus an der Reichsstraße.

Donauwörth

Schon die römische Via Claudia Augusta, deren Verlauf später die Reichsstraße folgte, querte hier die Donau. Im Mittelalter sicherte die Burg Mangoldstein den Übergang, in deren Schutz sich der Ort zur freien Reichsstadt entwickelte. Beginnend am heute weitgehend klassizistischen Rathaus, das seit dem 13. Jh. in mehreren Bauphasen wuchs, zieht die Reichsstraße bergan. Eingefasst von altehrwürdigen Gebäuden zählt sie zu den schönsten Straßenzügen in Deutschland. Erwähnt seien das Fuggerhaus mit Renaissance-Giebel und das um 1400 erbaute Tanzhaus, in dem ein archäologisches Museum untergebracht ist.

Den oberen Abschluss der Reichsstraße markiert die gotische, Mitte des 15. Jahrhunderts erbaute Stadtpfarrkirche. Die Wände sind mit spätgotischen Fresken bemalt. Die bemerkenswerte Ausstattung mit Figuren und einem Sakramentshäuschen ist, abgesehen vom barocken Gestühl, durchwegs gotisch.

Die barocke Heilig-Kreuz-Kirche besticht mit wertvoller barocker Ausstattung, einer großen spätgotischen Kreuzigungsgruppe und dem um 1300 geschaffenen Grabstein der Herzogin von Brabant, die 1256 auf der Burg Mangoldstein hingerichtet wurde. In der Gruftkapelle bewahrt ein romanisches Kästchen die namengebenden Kreuzreliquien.

Rund um die Altstadt sind mehrere Tore und Mauerabschnitte der alten Stadtbefestigung erhalten geblieben, die man auf der Fahrt durch die Seitengassen entdecken kann. In einer der Gassen findet man das Käthe-Kruse-Puppenmuseum.

mittel

42 km

↑ 190 m ↓ 210 m

3 1/2 Std.

Von Donauwörth nach Neuburg an der Donau

Donauwörth – Altisheim – Marxheim – Bertoldsheim – Rennertshofen – Neuburg an der Donau

Vom hoch gelegenen barocken Schlösschen in Leitheim bietet sich ein herrlicher Blick auf die Flussauen, in denen der Lech in die Donau mündet. Abschluss und Höhepunkt der Etappe ist das herrliche Renaissance-Schloss, das in Neuburg über der Donau aufragt.

Tourencharakter: Auf Nebenstrecken über die aussichtsreichen Randhöhen des Donautales.
Ausgangspunkt: Das alte Rathaus von Donauwörth.
Endpunkt: Das Zentrum von Neuburg an der Donau.
Anreise und Rückfahrt: Donauwörth liegt an der B 2 und ist mit der Bahn zu erreichen. Rückkehrmöglichkeit von Neuburg nach Donauwörth mit der Bahn.
Streckenverlauf: Altisheim: 13 km; Bertoldsheim: 14 km; Rennertshofen: 3,5 km; Neuburg an der Donau: 11,5 km.
Kombination: In Donauwörth Anschluss an Tour 11 und 16, in Rennertshofen an Tour 21, in Neuburg Anschluss an Tour 13.
Wegweisung: Die Wegweiser des Donau-Radweges.
Karte: ADFC-Radtourenkarte 1 : 150 000, Blatt 22 »Fränkische Alb – Altmühl«.

Tourenverlauf

Wir beginnen die Tour am **Rathaus** in der Altstadt von **Donauwörth**. Von der viel befahrenen Reichsstraße radeln wir, vorbei an der Tourist-Information, durch die schmale Rathausgasse. Sie knickt nach wenigen Metern nach links um. Wir schieben die Räder hier geradeaus durch das schmale »Ochsentörl«, das am Pulverturm durch die alte Stadtbefestigung führt. Hinter der Mauer beginnt ein geteerter Radweg, auf dem wir rechtshaltend durch die schattige Promenade fahren. An einer Weggabelung halten wir uns links und radeln geradeaus, bis der Radweg an einer Straße endet. Auf ihr lassen wir die Räder wenige Meter rechts

Die Allee von Stepperg in das Hügelland nördlich der Donau.

zur Zirgesheimer Straße hinabrollen. Wir halten uns links und verlassen auf der Straße Donauwörth.

Am Ortsrand beginnt der Radweg, der uns in leichtem Auf und Ab am **Schweizerhof** vorbei am Rand des Donautales nach **Altisheim** bringt. Wir radeln geradewegs auf der Hauptstraße durch das Dorf. Nun beginnt ein lang gezogener, anstrengender Anstieg, der uns zu den wenigen Häusern von **Leitheim** hinauf führt. Rechts der Straße liegt das Ende des 17. Jahrhunderts erbaute Barockschloss mit dem 1751 ausgestalteten Rokokofestsaal und der hübschen Schlosskapelle. Als Entschädigung für den mühevollen Anstieg bietet sich vom kleinen Schlossgarten eine herrliche Aussicht auf die Flussauen, in denen der Lech in die Donau mündet.

Von Leitheim führt uns eine Abfahrt in ein Flusstal. Das Dorf Graisbach bleibt links und ein weiterer Hügel ist zu überwinden, ehe uns ein letzter Anstieg nach **Lechsend** bringt. Schließlich leitet uns eine Abfahrt nach **Marxheim**, wo wir wieder die Donauebene erreichen. Wir fahren geradewegs durch das Dorf und dann auf der Hauptstraße bis zum Ortsrand von **Bertoldsheim**.

Dort radeln wir linkshaltend auf der Marxheimer Straße in das Dorf. Die Hauptstraße windet sich in Kurven durch Bertholdsheim und führt kurz aufwärts. Vor einer Wirtschaft

Essen und Trinken: In Donauwörth-Zirgesheim, Schweizerhof, Altisheim, Leitheim, Marxheim, Bertoldsheim, Rennertshofen, Hatzenhofen, Stepperg, Bittenbrunn und Neuburg an der Donau.
Unterkunft: Altisheim: Gasthof Grünewald, Tel. 09007 / 266; Helga Steidle, Tel. 09007 / 12 12; Marxheim: Gasthaus Sonne, Tel. 09097 / 239; Bertoldsheim: Mehrere Privatunterkünfte; Rennertshofen: Gästehaus Hager, Tel. 08434 / 13 02; Gästehaus Seefried, Tel. 08434 / 18 06; Stepperg: Gasthof Kimmerling, Tel. 08434 / 492; Riedensheim: Fam. Hager, Tel. 08434 / 13 02; Neuburg an der Donau: Große Auswahl an Hotels, Gasthöfen und Pensionen.
Camping: Rennertshofen: Jugendzeltplatz, Auskunft Gemeindeverwaltung, Tel 08434 / 611; Neuburg: Campingplatz im Englischen Garten, Tel. 08431 / 94 73.
Sehenswertes: Leitheim: Barockschloss; Neuburg: Obere Altstadt, Renaissance-Schloss, Hofkirche, Kirche St. Peter.
Tourist-Info: Neuburg an der Donau: Gästeinformation, Tel. 08431 / 552 40 oder 552 41; Kreisverkehrsamt Neuburg-Schrobenhaus, Tel. 08431 / 572 17 (für die Orte zwischen Bertholdsheim und Neuburg an der Donau).

Tipp Kurz vor Neuburg an der Donau findet man in Bittenbrunn zwei empfehlenswerte Unterkünfte. An der Monheimer Straße liegt das komfortable Hotel Kirchbauer Hof (Tel. 08431/2532 oder 8522) und an der Gietelhausener Straße das preiswerte Hotel Jagdschlößchen (Tel. 08431/2700).

knickt sie, ausgeschildert nach Rennertshofen, nach links. Hier fahren wir geradeaus in die Straße »Am Schloßberg«, halten uns nach wenigen Metern links und radeln vorbei am Barockschloss zurück zur Hauptstraße.

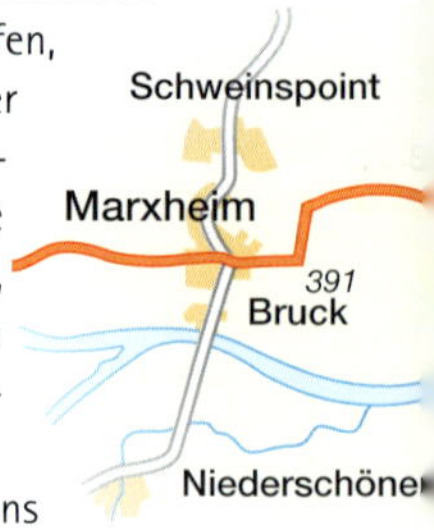

Rechts finden wir eine schmale Teerstraße, die uns nach kurzer Fahrt geradewegs über die Umgehungsstraße führt. An der folgenden Gabelung halten wir uns rechts und fahren auf schmalen Sträßchen auf Rennertshofen zu. Nach 1,5 km erreichen wir vor einem Hügel eine Weggabelung. Links zweigt der bei Tour 21 beschriebene Radweg nach **Rennertshofen** ab, der durch das Urdonautal zum Altmühltal leitet. Wir bleiben jedoch auf dem Donau-Radweg und fahren geradeaus an den Ortsrand von **Hatzenhofen**. Nach dem Brückchen halten wir uns rechts und radeln durch Hatzenhofen direkt nach **Stepperg**. Wir folgen der Hatzenhofner Straße durch den Ort, wechseln bald geradewegs auf eine Vorfahrtsstraße und biegen dann rechts in die Usselstraße. An ihrem Ende auf der Querstraße links aufwärts, an der nahen Weggabelung wieder links und an der nächsten Kreuzung in die Rennertshofener Straße. Nun wechseln wir geradewegs auf die Antonibergstraße und radeln an der Vorfahrtsstraße links aufwärts. Jetzt am Schloss vorbei und an der Weggabelung linkshaltend durch eine wunderschöne Allee aufwärts.

Am höchsten Punkt nehmen wir an der Weggabelung das linke Sandsträßchen und lassen die Räder bis kurz vor die Hauptstraße rollen. An dieser Stelle rechts in eine schmale Straße, die uns nach **Riedensheim** bringt.

Wir fahren geradeaus durch das Dorf zur Vorfahrtsstraße, auf ihr rechts hinab und an der nächsten Kreuzung wieder nach rechts. Nach wenigen Metern biegen wir am Rand der Äcker links auf einen Wirtschaftsweg. Durch das Naturschutzgebiet Finkenberg radeln wir zu den Wiesen am Ortsrand von Bittenbrunn. Wir bie-

Neuburg an der Donau
Schon Kelten und Römer siedelten auf dem Hügel, auf dem heute die Oberstadt und das Schloss liegen. Durch das Obere Tor gelangt man von der Donau zum Stadtberg hinauf. Im 15. Jh. wurde die Obere Stadt befestigt und im 16. Jahrhundert, als Neuburg Sitz eines Fürstentums wurde, begann die kulturelle Blütezeit. Fürst Ottheinrich begann mit dem Bau des mächtigen Renaissance-Schlosses, das einen weiten, mit Arkadengängen und Fresken geschmückten Schlosshof einfasst. Hier findet man auch das informative Schlossmuseum. Am Eingang zum Hof liegt links die bedeutende Schlosskapelle mit ihren frühen Renaissance-Fresken und einer Kreuzigungsgruppe am Altar. Geistiger Mittelpunkt war die nahe Hofkirche, die im Stil der späten Renaissance errichtet wurde. Das elegante Kirchenschiff ist mit feinem Stuck und einem mächtigen Hochaltar verziert, dessen Bilder ursprünglich von Rubens gemalt worden waren. Am nahen Karlsplatz steht das Rathaus von 1609 und die 1732 erbaute jetzige Provinzialbibliothek. Erwähnt seien noch drei beachtliche, fein ausgestattete Kirchen: St. Peter wurde Mitte des 17. Jhs. erbaut und im 18. Jh. entstanden die Pfarrkirche und die Studienkirche.

gen links auf die breitere Teerstraße, die uns durch **Bittenbrunn** direkt zur Hauptstraße führt. An ihr entlang auf dem Radweg zu einer Kreuzung. Rechts leitet uns die Straße über die Donaubrücke, die von Schloss und Altstadtberg überragt wird, in das Stadtzentrum von **Neuburg an der Donau**.

Der Innenhof des Schlosses in Neuburg a. d. Donau.

leicht
24 km
↑ 10 m ↓ 20 m
2 Std.

Von Neuburg an der Donau nach Ingolstadt

Neuburg an der Donau – Jagdschloss Grünau – Weichering – Ingolstadt

Diese Etappe leitet auf stillen Wegen durch die Auwälder an der Donau. Das mächtige Renaissance-Schloss Grünau und die altbayerische Metropole Ingolstadt bilden die Höhepunkte dieser kurzen Tour.

Tourencharakter: Auf Nebenstrecken und Feldwegen durch die flachen Donauauen.
Ausgangspunkt: Die Donaubrücke in Neuburg an der Donau.
Endpunkt: Das Stadtzentrum von Ingolstadt.
Anreise und Rückfahrt: Neuburg an der Donau ist problemlos mit Auto und Bahn zu erreichen. Rückkehrmöglichkeit von Ingolstadt nach Neuburg mit der Bahn.
Streckenverlauf: Weichering: 13 km; Ingolstadt: 11 km.
Kombination: In Neuburg Anschluss an Tour 12, in Ingolstadt Anschluss an Tour 14.
Wegweisung: Die Wegweiser des Donau-Radweges.
Karte: ADFC-Radtourenkarte 1 : 150 000, Blatt 22 »Fränkische Alb – Altmühl«.

Tourenverlauf

Wir beginnen unsere Tour in **Neuburg an der Donau** an der Donaubrücke. Wir radeln stadteinwärts bis zur nahen Kreuzung und biegen links in die nach Grünau ausgeschilderte Straße. Auf einem Radweg entlang der Hauptstraße geradeaus und nach fünf Kilometern geradewegs über eine Straße zum nahen **Jagdschloss Grünau**. Pfalzgraf Ottheinrich ließ den mächtigen Bau zwischen 1530 und 1555 errichten. Nun rechts um das Schloss und in den zweiten Wirtschaftsweg, der rechts abgeht. Durch eine Allee und auf einem Sträßchen geradewegs zum **Gut Rohrenfeld** und links vorbei Richtung Maxweiler. Nach kurzer Fahrt links in einen Kiesweg und an den Weggabelungen erst links, dann rechts und wieder links zu einem Querweg

Das herrliche Renaissance-Schloss auf einem Hügel über der Donau.

Ingolstadt

1392 wurde Ingolstadt Residenz des Teilherzogtums Bayern-Ingolstadt und wurde ab dem 16. Jh. zur stärksten bayerischen Festung ausgebaut. Im altbayerischen Stadtkern erhebt sich nahe dem Kreuztor aus dem 14. Jh. das spätgotische Liebfrauenmünster. Im Kirchenschiff besticht der Renaissancealtar. Etwas nördlich steht die Asamkirche Maria Victoria, die 1736 fertiggestellt wurde. Im Zentrum der Altstadt, nahe dem sehenswerten alten Rathaus, liegt die ab 1234 erbaute Stadtpfarrkirche St. Moritz.

Im Anfang des 15. Jhs. erbauten Neuen Schloss ist das bayerische Armeemuseum untergebracht. Im Alten Schloss aus dem 13. Jh., dem späteren Herzogkasten, findet man das Spielzeugmuseum, im Donaukasten das Stadtmuseum und in der Alten Anatomie das Deutsche Medizinhistorische Museum.

am Waldrand. Auf ihm nach rechts und an mehreren Kreuzungen gerade durch. Bald halten wir uns an einer Weggabelung rechts und radeln geradewegs nach **Weichering** und dort links durch das Dorf. Anschließend erst rechts, dann links an der Bahnlinie entlang, ehe wir nach fünf Kilometern auf einem Querweg nach links zum Donaudamm fahren. Auf dem Dammweg rechts zum Donaukraftwerk Ingolstadt und auf ihm über den Fluss. Links auf einer

Essen und Trinken: In Weichering und Ingolstadt.
Unterkunft: Weichering: Gasthaus Vogelsang, Tel. 08454 / 28 79; Fam. Oppenheimer, Tel. 08454 / 12 53; Ingolstadt: Mehrere Hotels.
Preiswerte Unterkunft: Ingolstadt: Jugendherberge, Tel. 0841 / 341 77.
Camping: Neuburg-Bürgerschwaige (kurz vor Schloss Grünau): Zeltübernachtungsplatz, Tel. 08431 / 572 84; Ingolstadt: Campingplatz Auwaldsee, Tel. 0841 / 961 16 16.
Sehenswertes: Grünau: Renaissance-Schloss; Ingolstadt: Altstadt mit Neuem Schloss, Kirchen und Museen.
Tourist-Info: Ingolstadt: Fremdenverkehrsamt, Tel. 0841 / 305 10 98.

Tipp Wem die Hotels in Ingolstadt zu teuer sind, der folgt am besten der Etappe 14 bis nach Großmehring. Dort findet man preiswertere Unterkünfte in der Gaststätte Weigl (Tel. 08407 / 307) und in der Gaststätte Delagera (Tel. 08407 / 373).

Teerstraße zu einer Vorfahrtsstraße und rechts gerade durch bis zur »Westlichen Ringstraße«. Wenige Meter nach links und dann rechts durch das Kreuztor direkt in die Altstadt von **Ingolstadt**.

Das altbayerische Ingolstadt.

mittel

49 km

↑ 90 m ↓ 110 m

3 ½ Std.

Von Ingolstadt nach Kelheim

Ingolstadt – Großmehring – Vohburg – Pförring – Bad Gögging – Weltenburg – Kelheim

Anfangs an der Donau entlang, dann über die mit Hopfengärten bestandenen Hügel bei Neustadt leitet diese Etappe zum malerischen Donaudurchbruch beim Kloster Weltenburg. Das Kloster und die Stadt Kelheim bieten die kulturellen Höhepunkte dieser Tour.

Tourenverlauf

Wir beginnen die Tour in **Ingolstadt** auf dem **Rathausplatz** und radeln in die Hieronymusgasse. Durch enge Gassen gelangen wir geradewegs zum Neuen Schloss. Nun links um das Schloss herum und dann rechts zum Donauufer hinab. Auf dem Radweg fahren wir links unter zwei Brücken hindurch und nach einem kurzen Anstieg rechts auf dem Dammweg geradewegs bis zum **Bayernwerk**. Wir folgen den Schildern des Donau-Radweges links um das Werksgelände und unter der Umgehungsstraße hindurch zum Ortsrand von **Kleinmehring**. Auf der Straße rechts in den Ort und unterhalb der Kirche rechts in die Kanalstraße. Auf ihr geradewegs durch **Großmehring** und am Ortsende rechts zur Donaubrücke ab.

Wir überqueren die Donau und finden links einen Weg, der uns am Ufer entlang nach Vohburg bringt. Am Ortsrand von **Vohburg** fahren wir vom Damm herab, halten uns dann links und radeln durch ein Tor zur Straße am Fuß des Burgberges. Nach links läuft der kürzeste Weg zur Donaubrücke. Die Beschilderung des Donau-Radweges leitet uns

Tourencharakter: Durch das Donautal und durch sanft gewelltes Hopfenland zum Donaudurchbruch bei Weltenburg.
Ausgangspunkt: Der Rathausplatz in der Altstadt von Ingolstadt.
Endpunkt: Die Altstadt von Kelheim.
Anreise und Rückfahrt: Ingolstadt liegt nahe der A 9 im Tal der Donau und ist hervorragend mit der Bahn zu erreichen. Rückkehrmöglichkeit vom nahe Kelheim gelegenen Ort Saal mit der Bahn nach Ingolstadt.
Streckenverlauf: Großmehring: 9 km; Vohburg: 6 km; Pförring: 6 km; Bad Gögging: 7 km; Weltenburg: 12 km; Kelheim: 9 km.
Kombination: In Kelheim Anschluss an Tour 15 und 20, in Ingolstadt Anschluss an Tour 13.
Wegweisung: Die Wegweiser des Donau-Radweges.
Karte: ADFC-Radtourenkarte 1 : 150 000, Blatt 22 »Fränkische Alb – Altmühl«.

Essen und Trinken: In Großmehring, Vohburg, Wackerstein, Pförring, Bad Gögging, Weltenburg und Kelheim.
Unterkunft: Großmehring (siehe Tour 13); in Vohburg, Pförring, Neustadt, Bad Gögging, Weltenburg, (Auskunft Kelheim) und Kelheim jeweils größere Auswahl an Gaststätten und Pensionen.
Preiswerte Unterkunft: Kelheim-Ihrlerstein: Jugendherberge, Tel. 09441 / 33 09.
Camping: Vohburg: Zeltplatz beim Gasthaus Unterer Wirt, Tel. 08457 / 14 67; Neustadt: Campingplatz Feldbachmühle, Tel. 09445 / 516; Herrnsaal (4 km östlich Kelheim): Tel. 09441 / 96 07.
Sehenswertes: Vohburg: Altstadt; Wackerstein: Schloss; Pförring: Pfarrkirche; Neustadt (Abstecher): Altstadt mit Kirche St. Laurentius, Rathaus und Stadtbefestigung; Bad Gögging: Kirche St. Andreas auf Resten römischer Badeanlagen; Eining (Abstecher): Römerkastell »Abusina«; Weltenburg: Kloster Weltenburg und Donaudurchbruch; Kelheim: Altstadt mit archäologischem Museum, Befreiungshalle und Klösterle.
Tourist-Info: Großmehring: Gemeindeamt, Tel. 08407 / 929 40; Vohburg: Stadtverwaltung, Tel. 08457 / 10 21; Pförring: Verkehrsamt, Tel. 08403 / 92 92 31; Neustadt, Stadtverwaltung, Tel. 09445 / 870; Bad Gögging: Kurverwaltung, Tel. 09445 / 80 66 oder 20 09 90; Kelheim: Verkehrsamt, Tel. 09441 / 70 12 34.

jedoch rechts um den Burgberg zur Hauptstraße. Auf ihr links durch ein Stadttor in die Altstadt. Auf dem schon in der Bronzezeit besiedelten Burgberg findet man Reste der mittelalterlichen Burg und die klassizistische Pfarrkirche.
Durch die Altstadt von Vohburg fahren wir geradewegs zur Donau und nach der Brücke auf der neuen Hauptstraße kurz nach rechts. Danach beginnt links die alte Straße, die uns über **Dünzing** nach **Wackerstein** leitet. Am Fuße des Barock-Schlösschens rechts zur neuen Straße, an ihr entlang kurz nach links und bei erster Gelegenheit links abbiegen.
Am Ortsrand halten wir uns an der Straßengabelung rechts und radeln nach **Pförring**. Im Ortszentrum rechts in die Donaustraße und dann links in die

Straße »Geisgries«. Sie führt uns zur Umgehungsstraße, die wir überqueren. Durch Wald radeln wir zum Donaudamm und linkshaltend zur Donaubrücke

Kloster Weltenburg bewacht den Eingang in das Durchbruchstal der Donau.

nördlich Neustadt. Wir überqueren den Fluss und biegen am Südufer in den Hinterdammweg. An einer Wegkreuzung biegen wir links nach **Bad Gögging** ab. Schon die Römer nutzten dort das heilkräftige Wasser. Reste einer römischen Badeanlage finden sich unter der romanischen Kirche St. Andreas.

In Bad Gögging radeln wir auf die Hauptstraße links nach **Sittling**. Weiter geradeaus gelangt man zum großen Römerkastell in Eining. Wir biegen jedoch an der Kreuzung nach Sittling rechts zur Ziegelei ab. Zwei Kilometer nach der Ziegelei fahren wir an einer Kreuzung links nach **Staubing**. Dort unter der Umgehungsstraße durch, vorbei an der Kirche und dann rechts in die Straße »Am Krautgarten«. Wir treffen auf die Landstraße, auf der wir in das nahe **Weltenburg** radeln.

Hier haben wir drei Möglichkeiten zur Weiterfahrt nach Kelheim. Entweder man folgt anstrengend der verkehrsreichen, als Donau-Radweg ausgeschilderten Hauptstraße nach Kelheim. Besser fährt man jedoch links an der Donau entlang und überquert auf halbem Weg zum Kloster Weltenburg mit der kleinen Fähre den Fluss nach Stausacker. Von dort auf schmaler Straße rechts an der Donau entlang. Gegenüber von Weltenburg läuft das Sträßchen steil auf einen Hügelkamm und zu einer breiten Straße. Auf dieser rechts an der Befreiungshalle vorbei hinab nach Kelheim. Am angenehms-

Tipp Zahlreiche Betriebe in Kelheim bieten neben gutem Essen auch komfortable Unterkünfte, so das Gasthaus Zum Schwan in der Fischergasse (Tel. 09441 / 503 61), der Gasthof Weißes Lamm in der Ludwigstraße (Tel. 09441 / 200 90) und das Hotel Klosterbrauerei in der Klosterstraße (Tel. 09441 / 501 50).

ten radelt man jedoch von Weltenburg an der Donau entlang zum **Kloster Weltenburg** und fährt von dort mit dem Schiff nach Kelheim.

Nahe dem Kloster starten die Schiffe, die uns anschließend durch den malerisch von hellen Felswänden überragten Donaudurchbruch nach **Kelheim** bringen. Die regelmäßig angelegte Altstadt entstand um 1200 und wurde im 13. und 14. Jh. mit einer quadratischen Stadtmauer umgeben. Die gotische Pfarrkirche enthält einige schöne spätgotische Figuren und im spätgotischen Herzogskasten ist das hervorragende Archäologische Museum untergebracht. Seit der Steinzeit war die Gegend um Kelheim besiedelt und hier lag das wichtige keltische Oppidum Alkimoennis. Auf dem Bergsporn westlich der Stadt ließ Mitte des 19. Jhs. der Bayernkönig Ludwig I. den Monumentalbau der Befreiungshalle errichten.

Info Schon im 7. Jh. sollen sich im **Kloster Weltenburg** irische Mönche niedergelassen haben. Herzog Tassilo III. unterstellte das Kloster dem Benediktinerorden. Das lange Zeit unbedeutende Kloster erlangte erst im 18. Jh. größeren Reichtum. In dieser Zeit entstanden die neuen Gebäude mit der herrlichen Kirche im Zentrum. Sie zählt zu den hervorragenden Barock-Kirchen in Bayern und ist ein Werk von Cosmas Damian Asam. Der wundervolle Hochaltar ist in sanftes Licht getaucht und der ovale Kirchenraum wird von einer Kuppel mit einem großen Fresko abgeschlossen.

Schiffsverkehr Weltenburg – Kelheim:
Abfahrtszeiten:
Ende März-Ende April und Mitte Oktober-Anfang November: wochentags 10.45–16.15 Uhr, Sa, So 10.15–17.15 Uhr.
Ende April-Mitte Mai und Ende September-Mitte Oktober: Mo-Fr 10.15–17.15 Uhr, Sa, So 10.10–18.10 Uhr.
Mitte Mai-Ende September: Mo-Fr 10.15–18.10 Uhr, Sa, So 10.00–18.30 Uhr.
Auskunft:
Steibl Personenschifffahrt, Tel. 09441 / 32 01; Personenschifffahrt Stadler, Tel. 09441 / 72 99 und 43 54; Personenschifffahrt Schweiger, Tel. 09441 / 34 02.

leicht

32 km

↑ 40 m
↓ 50 m

2 ¾ Std.

Von Kelheim nach Regensburg

Kelheim – Poikam – Bad Abbach – Regensburg

Nach Kelheim rücken die Talhänge rechts und links der Donau nach und nach zusammen. Durch das beschauliche Tal erreicht man ohne Mühen Regensburg. Zwischen gotischem Münster und Steinerner Brücke bezaubert die wohl schönste und kunstreichste Altstadt an der deutschen Donau.

Tipp Relativ preiswerte Unterkünfte bieten in Regensburg der Gasthof Spitalgarten (Tel. 0941 / 847 74) am St. Katharinenplatz, die Pension Obermünster (Tel. 0941 / 568 12 49) am Obermünsterplatz und an der Fröhliche-Türken-Straße das Hotel Peterhof (Tel. 0941 / 575 14) und das Hotel zum Fröhlichen Türken (Tel. 0941 / 536 51).

Tourenverlauf

Wir beginnen die Etappe in der Altstadt von **Kelheim**. Auf der Altmühlstraße radeln wir in nördlicher Richtung durch die Altstadt und dann durch das Stadttor. Eine neue Fußgänger- und Radfahrerbrücke hilft uns anschließend über den Rhein-Main-Donau-Kanal. Wir biegen nach der Brücke rechts ab und verlassen anfangs am Kanal und später am Donauufer entlang Kelheim. Nach dem Sportgelände am Ortsende von **Kelheimwinzer** radeln wir linkshaltend zur Hauptstraße. Nun folgen wir der viel befahrenen Straße, die uns nördlich an Herrnsaal vorbei über eine sanfte Hügelkuppe nach **Kapfelberg** bringt. Wir biegen dort rechts in die Straße »Am Yachthafen« und radeln zwischen Donauufer und einem steilen Waldhang in das nahe Dörfchen **Poikam**. An der ersten Kreuzung halten wir uns rechts, queren die Bahnstrecke und biegen im Ortskern nach links. Nach wenigen hundert Metern erreichen wir eine Vorfahrtsstraße, die wir geradewegs überqueren. Ein schmales Sträßchen führt uns jetzt über einen Nebenarm der Donau zur **Charbon-**

Tourencharakter: Stets nahe dem Donauufer auf großteils stiller Strecke ohne Anstrengung zur herrlichen Altstadt von Regensburg.
Ausgangspunkt: Die Altstadt von Kelheim.
Endpunkt: Die »Steinerne Brücke« in Regensburg.
Anreise und Rückfahrt: Kelheim liegt am Zusammenfluss von Altmühl und Donau. Bahnanschluss im nahen Ort Saal. Rückkehrmöglichkeit von Regensburg in das nahe Kelheim gelegene Saal mit der Bahn.
Streckenverlauf: Poikam: 11 km; Bad Abbach: 3 km; Regensburg: 18 km.
Kombination: In Kelheim Anschluss an Tour 14 und 20, in Regensburg an Tour 21.
Wegweisung: Die Wegweiser des Donau-Radweges.
Karte: ADFC-Radtourenkarte 1 : 150 000, Blatt 22 »Fränkische Alb – Altmühl«.

Regensburg
Hier, am nördlichsten Punkt der Donau, lag die keltische Siedlung Radaspona und 179 n. Chr. erbauten die Römer das namengebende Castra Regina. Die zur Donauseite gewandte Porta Praetoria blieb bis in unsere Tage erhalten. Von 550 bis 1245 war Regensburg Hauptstadt des Herzogtums Bayern und anschließend bis 1806 freie Reichsstadt, in der ab 1663 der »Immerwährende Reichstag« abgehalten wurde. Ab dem 14. Jh. wurde Regensburg von Nürnberg und Augsburg als wichtigste Fernhandelsstadt überflügelt und der langsame Abstieg begann. So konnte die in Deutschland einzigartige mittelalterliche Großstadt erhalten bleiben.
Ein Erlebnis für sich ist die Altstadt von Regensburg mit ihren engen Gassen und verwinkelten Plätzen, die von mittelalterlichen Wohntürmen überragt werden. Unbedingt sehenswert ist der Alte Kornmarkt, der von Alter Kapelle, Römerturm und romanischem Herzogshof umstellt ist. Das prächtig ausgestattete Alte Rathaus am Rathausplatz entstand zwischen dem 11. und 14. Jh.
Kernstück der verschachtelten Anlage ist der großzügige Reichssaal, in dem der »Immerwährende Reichstag« tagte. Von den Museen sei noch das Museum der Stadt Regensburg am Dachauplatz erwähnt, das umfangreiche Sammlungen zur Stadtgeschichte zeigt.

nières-les-Baines-Brücke. In einem gewagten Bogen überspannt diese moderne Radlerbrücke die Donau und führt uns an deren rechtes Ufer. Wir treffen auf eine Straße, die rechts in das nahe **Bad Abbach** führt, das sich dank seiner zahlreichen Übernachtungsmöglichkeiten als Zwischenhalt anbietet.
Wir halten uns jedoch links und fahren auf dem Dammweg links am kleinen Ort **Oberndorf** vorbei. Bald treffen wir wieder auf das schmale Sträßchen, das uns in das beschauliche, von steilen Waldhängen eingefasste Donautal südlich von Regensburg leitet. Nach einer Fluss-

Essen und Trinken: In Kelheimwinzer, Kapfelberg, Bad Abbach, Oberndorf, Unteriading und Regensburg.
Unterkunft: Kelheimwinzer: Mehrere Privatpensionen (Auskunft Kelheim); Poikam: M. Wagner, Tel. 09405 / 66 52; H. Käsbauer, Tel. 09405 / 42 48; Bad Abbach: Größere Auswahl an Hotels, Gasthöfen und Pensionen; Unteriading: Gasthaus zur Walba, Tel. 09405 / 21 02; Regensburg: Große Auswahl an Hotels, Gasthöfen und Pensionen.
Preiswerte Unterkunft: Regensburg: Jugendherberge, Wöhrdstr. 60, Tel. 0941/57402.
Camping: Herrnsaal: Siehe Tour 14; Kapfelberg: Campingplatz, Tel. 09405 / 53 35; Poikam: Campingplatz an der Donaulände, Tel. 09405 / 16 36 oder 44 31; Regensburg: Camping Azur, Tel. 0941 / 27 00 25.
Sehenswertes: Regensburg: Gesamte Altstadt mit Steinerner Brücke, Dom, Porta Praetoria, Altem Rathaus, vielen weiteren sehenswerten Kirchen, Gebäuden, Museen und Gassen.
Tourist-Info: Bad Abbach: Kurverwaltung im Kurhaus, Tel. 09405 / 15 55 oder 44 20; Regensburg: Touristik Information im Alten Rathaus, Tel. 0941 / 507 44 10; Hotelauskunft, Tel. 0941 / 194 14.

rechts: Die Charbonnières-les-Baines-Brücke am Ortsrand von Bad Abbach.

Mittelpunkt der Altstadt von Regensburg ist der gotische Dom.

windung radeln wir geradewegs durch den Weiler **Matting** und nach zwei Kilometern am Gasthaus in **Unterirading** vorbei. Noch ist nichts von der nahen Großstadt zu bemerken. Bald geht es am Ufer entlang unter der Autobahn und wenig später unter zwei Eisenbahnbrücken hindurch. Wir haben nun den Stadtrand von **Regensburg** erreicht, doch noch leiten uns für weitere fünf Kilometer ruhige Radwege nahe dem Ufer der Donau entlang. Erst kurz vor der Altstadt von Regensburg endet der Radweg und wir müssen auf die Straße wechseln. Wir folgen immer dem Straßenzug, der uns nahe am rechten Ufer der Donau entlangführt. Bald ist die berühmte **Steinerne Brücke** am Rand der Altstadt von **Regensburg** erreicht. Vom Brückentor ausgehend überspannt sie als technische Meisterleistung des Mittelalters seit 1146 die Donau.

Das geistliche Regensburg
Glanzpunkt Regensburgs ist der von 1270 bis 1525 erbaute Dom, die wichtigste gotische Kirche in Bayern. Außen bildet die Westfassade mit dem reich geschmückten Hauptportal den Höhepunkt. Im Inneren findet man eine unübersehbare Anzahl bedeutender Kunstwerke. Erwähnt seien die gotischen Altäre, die wundervollen gotischen Steinfiguren an den Vierungspfeilern und zahlreiche wertvolle gotische Fenster. Neben dem Dom findet man den herrlichen Kreuzgang, die romanisch ausgemalte Allerheiligenkapelle, die romanische Kirche St. Stephan und die gotische St. Ulrich-Kirche, in der das Diözesanmuseum untergebracht ist. Das romanische Niedermünster mit dem barock ausgestatteten Kirchenraum besitzt einen wertvollen gotischen Baldachinaltar.
Am Alten Kornmarkt steht die mit verspieltem Rokoko ausgestattete Alte Kapelle, deren Grundmauern auf das 9. Jh. zurückgehen. Die Kirche St. Blasius am Beraiterweg zählt zu den ersten großen gotischen Bauwerken in Deutschland. Im Inneren bietet sie sehenswerte spätgotische Wandmalereien und Plastiken. Das ehemalige Benediktinerkloster St. Emmeram wurde im 8. Jh. gegründet und spielte in Kunst und Wissenschaft über Jahrhunderte eine bedeutende Rolle. Die Klosterkirche ist im Kern noch karolingisch und romanisch, den Kirchenraum verwandelten die Asambrüder jedoch in einen prunkvollen Barocksaal. Die ehemaligen Stiftsgebäude, die seit 1812 Schloss der Fürsten von Thurn und Taxis sind, umgeben den herrlichen gotischen Kreuzgang. Die romanische Kirche St. Jakob begeistert mit einem formenreichen Portal und wertvollen romanischen und gotischen Figuren im Inneren.

mittel

33 km

↑ 140 m
↓ 100 m

3 Std.

VON DONAUWÖRTH NACH NÖRDLINGEN

Donauwörth – Harburg – Balgheim – Nördlingen

Von der Altstadt von Donauwörth leitet der »Radweg Romantische Straße« nach Norden in das Tal der Wörnitz. Über Harburg mit seiner mächtigen Schlossanlage gelangt man in den kreisrunden Meteoritenkrater des Ries, in dessen Zentrum die perfekt erhaltene mittelalterliche Altstadt von Nördlingen liegt.

Tourenverlauf

Tourencharakter: Auf Radwegen und Nebenstraßen über das romantische Harburg zum kreisrunden Meteoritenbecken des Ries, in dessen Zentrum die wundervolle Altstadt von Nördlingen liegt.
Ausgangspunkt: Die Altstadt von Donauwörth.
Endpunkt: Die Altstadt von Nördlingen.
Anreise und Rückfahrt: Donauwörth liegt am Kreuzungspunkt der »Romantischen Straße« mit der Donau und ist mit der Bahn zu erreichen. Rückkehrmöglichkeit von Nördlingen nach Donauwörth mit der Bahn.
Streckenverlauf: Harburg: 14 km; Nördlingen: 19 km.
Kombination: In Donauwörth Anschluss an Tour 11 und 12, in Nördlingen an Tour 17.
Wegweisung: Die Wegweiser des Radweges »Romantische Straße«.
Karte: ADFC-Radtourenkarte 1 : 150 000, Blatt 22 »Fränkische Alb – Altmühl«.

In **Donauwörth** fahren wir neben dem Rathaus von der Reichsstraße in die Rathausgasse. Sie führt uns an der Tourist-Information vorbei und knickt nach wenigen Metern nach links. Wir schieben hier die Räder jedoch geradewegs durch das »Ochsentörl«, das am Pulverturm durch die mittelalterliche Stadtbefestigung leitet. Wir erreichen den Park an der Promenade und stoßen auf einen Teerweg, auf dem wir nach links fahren. Die Beschilderung des »Radweges Romantische Straße« führt uns bald auf schmalen Wegen direkt an dem Fels vorbei, auf dem die um 900 erbaute Burg Mangoldstein stand. Nach kurzer Fahrt durchqueren wir einen ehemaligen Bahntunnel und radeln danach auf schmaler Straße unmittelbar weiter auf einen Dammweg. Auf ihm fahren wir ein kurzes Stück an der Wörnitz entlang und treffen dann auf eine Teerstraße, auf der wir nach rechts fahren. Wir überqueren nun eine breite Vorfahrtsstraße und finden auf der anderen Seite den Beginn eines Kieswegs, der rechts an der Wörnitz entlang läuft.

Wir erreichen bald den Weiler **Felsheim** und biegen dort linkshaltend in die Konradstraße. Auf einer wenig befahrenen Straße fahren wir nun geradewegs nach **Wörnitzstein**. Dort halten wir uns an der Kreuzung nahe der Wörnitz links, überqueren den Fluss und radeln kurz nach der Brücke nach rechts. Die Straße führt uns jetzt zwischen Wörnitz und Bahnlinie direkt in das Ortszentrum von **Ebermergen**. An dieser Stelle halten wir uns an der Kreuzung rechts, radeln über die Wörnitzbrücke und kurz danach unter der Bundesstraße durch. Wir folgen der wenig befahrenen Straße, die entlang einer Wörnitzschleife in weitem Bogen durch das Tal führt. Zwei kurze Hügel sind zu überwinden, ehe wir die Räder zum Ortsrand von Harburg hinabrollen lassen. Hier schieben wir die Räder entweder durch einen Fußgängertunnel geradewegs unter der Bahnlinie hindurch und treffen kurz darauf auf die Hauptstraße. Oder wir folgen der Vorfahrtsstraße in Kurven durch den Ort. Beide Varianten treffen vor der alten Wörnitzbrücke zusammen, über die wir zur romantischen Altstadt von **Harburg** hinüber radeln. Am Fuß des Burgberges drängt sich der Stadtkern rund um die Pfarrkirche aus dem 17. Jh. und die Synagoge von 1754. Die Fachwerkbauten von Pfarrhof und Rathaus stammen dagegen noch aus dem 15. Jh.

Das kleine Städtchen Harburg ist eingebettet zwischen Schlossberg und Wörnitz.

Nach der Brücke halten

Nördlingen
Das von einem vollständig erhaltenen Mauerring aus dem 14. Jh. umschlossene Nördlingen begeistert mit einer der am besten erhaltenen Altstädte in Deutschland. Nördlingen wurde im 13. Jh. freie Reichsstadt und wuchs zu einer bedeutenden Handels- und Messestadt heran. Nach Jahrhunderten des Wohlstands begann mit dem Dreißigjährigen Krieg der schnelle Niedergang und erst Mitte des 20. Jhs. erreichte die Stadt wieder ihre mittelalterliche Einwohnerzahl.
Das Zentrum der Altstadt bildet die reich ausgestattete spätgotische Hallenkirche St. Georg. Von ihrem 90 Meter hohen Turm, genannt Daniel, genießt man einen einzigartigen Rundblick über Stadt und Land. Von den Bauwerken der Altstadt verdienen das spätgotische Rathaus mit Renaissance-Freitreppe, das gotische Tanzhaus, die Hallengebäude am Weinmarkt aus dem 16. Jh. und die Salvatorkirche mit spätgotischem Hochaltar besondere Beachtung. Das Klösterle, eine ehemalige Ordenskirche, wurde im 16. Jh. zu einem Kornspeicher umgebaut. Im ehemaligen Heilig-Geist-Spital aus dem 16. Jh. ist heute das Stadtmuseum mit vor-, früh- und stadtgeschichtlichen Exponaten untergebracht. Sehenswert ist außerdem das Rieskrater-Museum mit einer Ausstellung zur Entstehungsgeschichte des Nördlinger Ries. Auf der Stadtmauer mit 15 Wehrtürmen kann man um die Altstadt wandern.

wir uns rechts und radeln durch den hübschen Stadtkern zum Marktplatz. Dort wechseln wir geradewegs auf die Schloßstraße über, die am Fuße des Schlossberges steil und schweißtreibend aufwärts zur Burg leitet. Sie wurde ab dem 12. Jh. erbaut und kann trotz vieler späterer Umbauten und Erweiterungen an vielen Stellen noch das Bild einer mittelalterlichen Burg vermitteln. Ältester Teil ist die um 1150 erbaute Burgkapelle. Romanische Türme und Mauerabschnitte wechseln mit gotischen Bauteilen, mit Renaissance-Gebäuden und barocken Ergänzungen. In der Harburg ist die umfangreiche Kunstsammlung der Fürsten zu Oettingen-Wallerstein untergebracht.
Kurz bevor links die Zufahrtsstraße zur Burg abzweigt, biegen wir rechts in die Burgstraße. Sie führt uns zum Radweg an der nahen B 25, dem wir linkshaltend bis auf Höhe von Hoppingen folgen. Dort biegen wir links in die nach Großsorheim ausgeschilderte Straße. Durch das hügelige Gelände am Rand des Nördlinger Ries, das vor 15 Millionen Jahren durch den Einschlag eines Meteoriten entstand, radeln wir über **Großsorheim** und **Kleinsorheim** nach **Ziswingen**. Auf der Strecke bieten sich immer wieder weite Blicke auf den kreisrunden Krater und die bei der Katastrophe aufgetürmten Randwälle.
In Ziswingen fahren wir kurz nach rechts in Richtung Möttingen und biegen dann kurz vor dem Ortsrand links in die Richtung **Merzingen** führende Straße ein. Wir durchradeln das Dorf auf der nach rechts umbiegenden Hauptstraße und erreichen **Balgheim**. Ohne Umwege fahren wir durch den Ort. Eine wenig befahrene Straße

Essen und Trinken: In Wörnitzstein, Ebermergen, Harburg, Balgheim, Reimlingen und Nördlingen.
Unterkunft: Harburg: Gasthof zum Straußen, Tel. 09080 / 13 98 oder 43 24; Reimlingen: Gasthaus zum Löwen, Tel. 09081 / 33 33; Nördlingen: Größere Anzahl an Hotels und Gaststätten.
Preiswerte Unterkunft: Nördlingen: Jugendherberge, Tel. 09081 / 841 09.
Sehenswertes: Harburg: Historische Altstadt und Schloss; Nördlingen: Altstadt mit Stadtmauer, St. Georgs-Kirche, Stadtmuseum und Rieskrater-Museum.
Tourist-Info: Harburg: Stadtverwaltung Tel. 09080 / 969 90; Reimlingen: Gemeindeverwaltung, Tel. 090 81 / 33 22; 86720 Nördlingen: Verkehrsamt, Tel. 09081 / 43 80 oder 841 16.

führt uns dann durch die Äcker, bis wir kurz vor Reimlingen direkt auf die Vorfahrtsstraße überwechseln. Wir radeln auf der Hauptstraße durch **Reimlingen** und wechseln danach auf den Radweg, der uns bald am Krankenhaus vorbei geradewegs nach **Nördlingen** führt. Auf der Oskar-Mayer-Straße radeln wir bis zu einer Ampel. Von dort bringt uns die Augsburger Straße links zum nahen Reimlinger Tor, durch das wir in die **Altstadt** von **Nördlingen** fahren.

Tipp Preiswerte Unterkünfte in der Altstadt von Nördlingen bieten der Gasthof Drei Mohren (Tel. 09081 / 3113) in der Reimlinger Straße, das Hotel Goldene Rose (Tel. 09081 / 860 19) in der Baldinger Straße und das Hotel Altreuter (Tel. 09081 / 43 19) am Marktplatz.

Blick auf die Altstadt von Nördlingen.

mittel

41 km

↑ 260 m
↓ 260 m

3 ¾ Std.

Von Nördlingen nach Treuchtlingen

Nördlingen – Alerheim – Wemding – Wolferstadt – Möhren – Treuchtlingen

Durch den flachen, kreisrunden Meteoritenkrater des Ries leitet diese Tour zum hübschen Städtchen Wemding. Dort beginnt der Anstieg auf die bewaldeten Höhenrücken, über die man in das Tal der Altmühl wechselt.

Tourenverlauf

Wir beginnen die Tour in **Nördlingen** am Deininger Tor. Von hier auf der Wemdinger Straße zur großen Kreu-

zung, geradeaus durch die Bahnunterführung und nach ca. 300 m rechts in die Kerschensteiner Straße. Anschließend links in die erste Seitenstraße und bald geradewegs auf schmalem Sträßchen zu einer Vorfahrtsstraße am Ortsrand von **Deinin-**

Tourencharakter: Durch das flache Nördlinger Ries, ab Wemding im Auf und Ab in das Altmühltal.
Ausgangspunkt: Die Altstadt von Nördlingen.
Endpunkt: Treuchtlingen im Altmühltal.
Anreise und Rückfahrt: Nördlingen liegt an der B 25 und besitzt einen Bahnanschluss. Von Treuchtlingen Bahnverbindung nach Donauwörth.
Streckenverlauf: Wemding: 20 km; Wolferstadt: 7 km; Treuchtlingen: 14 km.
Kombination: In Nördlingen Anschluss an Tour 16, in Treuchtlingen an Tour 18.
Wegweisung: Regionale Radwegweiser.
Karte: ADFC-Radtourenkarte 1 : 150 000, Blatt 22 »Fränkische Alb – Altmühl«.

Essen und Trinken: In Deiningen, Alerheim, Wörnitzostheim, Wemding, Wolferstadt, Möhren und Treuchtlingen.
Unterkunft: Wemding und Treuchtlingen: Jeweils größere Auswahl an Hotels, Gasthöfen und Pensionen.
Preiswerte Unterkunft: Treuchtlingen: Naturfreundehaus, Tel. 09142 / 44 94.
Sehenswertes: Wemding: Altstadt; Treuchtlingen: Stadtschloss mit Museum, Obere Veste.
Tourist-Info: Wemding: Verkehrsamt, Tel. 09092 / 96 90 35 oder 82 22; Treuchtlingen: Verkehrsamt, Tel. 09142 / 31 21.

gen. Auf ihr kurz rechts und am Ortsendeschild links auf ein Wirtschaftssträßchen. Bald rechtshaltend auf einer Straße nach **Alerheim**. Auf der Hauptstraße durch das Dorf, geradeaus über die Staatsstraße und über die Wörnitz nach **Rudelstetten**. Vor dem Ortszentrum rechts in ein Seitensträßchen und weiter über **Wildbad** bis zum Ortsrand von Wemding. Hier über die Hauptstraße und dann links auf der Bürgermeister-Epple-Straße zur Altstadt von **Wemding**. Auf der Hauptstraße kurz nach rechts abbiegen und dann links durch ein Tor in die Altstadt. Nun geht es rechts in die Lang-

Das spätgotische Rathaus in Nördlingen mit der Renaissance-Freitreppe.

gasse und dann auf der Wolfgangstraße hinab zum malerischen Marktplatz. Die Altstadt mit dem 1552 erbauten Rathaus und der gotischen Stadtkirche St. Emmeram ist von der mittelalterlichen Stadtbefestigung umgeben.

Tipp Preiswerte Unterkunft findet man in Treuchtlingen z. B. in der Gaststätte Zur Frankenstube (Tel. 09142/2593) in der Marktgasse und im Gasthof Prinz Luitpold (Tel. 09142/1555) in der Luitpoldstraße. Jeglichen Komfort und eine anspruchsvolle Küche bietet das im Ortszentrum gelegene Schlosshotel (Tel. 09142/105153).

Auf dem Marktplatz rechts aufwärts Richtung Monheim. Nach dem Stadttor (ab hier Radwegweiser »Quellenweg« nach Treuchtlingen) über die Hauptstraße und dann links in die Wolferstädter Straße. Nach dem Campingplatz rechts auf eine Nebenstraße und um den Platz herum. Jetzt geradeaus durch das Tal aufwärts, vor einem Hof links zu einer Teerstraße und auf ihr links hinab nach **Wolferstadt**. Im Ort auf der Vorfahrtsstraße nach links und dann rechts Richtung Weilheim.

Im Stadtzentrum von Treuchtlingen steht die kleine barocke Pfarrkirche.

Am Ortsende links abbiegen und über **Zwerchstraß** im Auf und Ab bis zu einer Kreuzung nach einer Bahnlinie. Hier nach links und dann linkshaltend nach **Möhren**. Auf der Hauptstraße nach 3,5 km zu einer Kreuzung am Rand von **Treuchtlingen** und linkshaltend in das Ortszentrum. Die barocke Pfarrkirche beherbergt das Grab des Reichsmarschalls von Pappenheim, der ab 1575 das Stadtschloss erbauen ließ.

Die Kirche St. Georg mit ihrem wuchtigen Glockenturm »Daniel« in Nördlingen.

leicht	
39 km	
↑ 50 m ↓ 90 m	
3 Std.	

Von Treuchtlingen nach Eichstätt

Treuchtlingen – Pappenheim – Solnhofen – Dollnstein – Eichstätt

Ehe die altehrwürdige Bischofsstadt Eichstätt erreicht ist, laden im malerisch engen Altmühltal das von einer Burgruine beherrschte Pappenheim, das dank seiner Versteinerungen berühmte Solnhofen und das von einem Mauerring eingefasste Dollnstein zu einer Rast.

Tourenverlauf

In **Treuchtlingen** beginnen wir die Etappe auf der Kirchenstraße. An der Kirche vorbei in die Gasse »Am Schulhof«, auf der Jahnstraße nach rechts und dann links auf der Kanalstraße aus dem Ort. Vor dem Bahndamm links auf einem Radweg geradewegs nach **Dietfurt**. Dort auf der Oberdorfstraße unter der B 2 hindurch, der wir für wenige Meter folgen, ehe wir rechts in die Schneckenhoferstraße ein-

Tourencharakter: Ohne nennenswerte Steigungen auf Radwegen durch das malerische Tal der Altmühl.
Ausgangspunkt: Das Ortszentrum von Treuchtlingen.
Endpunkt: Das Stadtzentrum von Eichstätt.
Anreise und Rückfahrt: Treuchtlingen liegt nahe der B 2 im Tal der Altmühl und besitzt einen Bahnanschluss. Rückkehrmöglichkeit von Eichstätt-Wasserzell nach Treuchtlingen mit der Bahn.

Streckenverlauf: Pappenheim: 6 km; Solnhofen: 7 km; Dollnstein: 12 km; Eichstätt: 14 km.
Kombination: In Treuchtlingen Anschluss an Tour 17, in Dollstein an Tour 21 und in Eichstätt Anschluss an Tour 19.
Wegweisung: Die Wegweiser des Altmühltal-Radweges.
Karte: ADFC-Radtourenkarte 1 : 150 000, Blatt 22 »Fränkische Alb – Altmühl«.

biegen. Am rechten Ufer der Altmühl zum Ortsrand von Pappenheim. Hier biegen wir rechts auf die Wehrwiesenstraße ein und nach kurzer Fahrt rechts in das Sträßchen, das zum Campingplatz führt. Wir überqueren die Altmühl und radeln linkshaltend zur Altstadt von **Pappenheim**. Nach einem zweiten Brückchen treffen wir auf die Klosterstraße.

Auf stillen Wegen durch das tief in die Fränkische Alb geschnittene Tal.

Rechts führt auf ihr ein Abstecher an der gotischen Kirche des ehemaligen Augustinerklosters vorbei zur Burg hinauf. Der Kern der Hauptburg mit dem Bergfried entstand im 12. Jh., die Gebäude der Vorburg im 14. und 15. Jh. Heute ist auf der Stammburg der Grafen von Pappenheim eine eintrittspflichtige Greifvogelschau untergebracht.

Wir folgen jedoch der Gasse nach links und biegen dann rechts auf die Hauptstraße ein. In der von einer mittelalterlichen Mauer umgebenen Stadt findet man den Renaissance-Bau des Alten Schlosses, die gotisch-barocke Pfarrkirche und das klassizistische Neue Schloss. Am linken Altmühlufer liegt die St. Gallus-Kirche, deren Kirchenschiff im 9. Jh. erbaut wurde.

Eichstätt
Die Geschichte Eichstätts begann mit der Gründung des Bistums im Jahre 741. Keimzelle ist der seit dem 8. Jh. errichtete Dom, um den sich die Stadt entwickelte. Die Mauern des heutigen Doms entstanden in verschiedenen Bauabschnitten zwischen dem 11. und 15. Jh. 1716 schließlich wurde die barocke Fassade errichtet. Der Dom besticht durch seine hervorragende Ausstattung, zu der neben dem berühmten spätgotischen Pappenheimer Altar und der um 1300 geschaffenen Siboto-Madonna weitere hervorragende Bildwerke und Altäre aus Gotik, Renaissance und Rokoko zählen. Angefügt an den Dom ist der feine gotische Kreuzgang und das Mortuarium (Totenhalle) mit farbenfrohen Glasfenstern von Hans Holbein d. Ä. In Eichstätt verdienen eine Anzahl weiterer Kirchen einen Besuch. Die beherrschende Klosterkirche St. Walburga wurde Mitte des 17. Jhs. erbaut und ist mit reichem Stuck geschmückt. Die 1661 vollendete Schutzengelkirche besitzt bemerkenswerte Barockaltäre und die barocke Kapuzinerklosterkirche bewahrt ein romanisches Heiliges Grab aus dem 12. Jh.
Das weltliche Stadtbild von Eichstätt bestimmen großenteils barocke Gebäude, die allesamt nach dem großen Stadtbrand im Jahre 1634 entstanden. Erwähnenswert sind vor allem die großzügig ausgestattete fürstbischöfliche Residenz am eindrucksvollen Residenzplatz, die im 18. Jh. erbaut wurde und die ehemalige Sommerresidenz. Von den Museen seien das Diözesan-Museum am Residenzplatz und das Museum Berger mit Versteinerungen aus dem fränkischen Jura erwähnt.

Die Hauptstraße knickt am südlichen Ortsrand nach rechts um und wir fahren hier direkt in die Schützenstraße. Nach 200 m rechts in den Bahnweg und bald unter der Hauptstraße hindurch, dann rechts hinauf zur Straße, die überquert wird. Wir radeln am Bahnhof vorbei und finden nach wenigen Metern links einen Radweg, der uns am Ufer der

Herrlicher Blick auf die Flussschleife der Altmühl, in der Pappenheim liegt.

Altmühl entlang führt. Vor **Zimmern** überqueren wir den Fluss und radeln auf Sandstraßen bis nach **Solnhofen** weiter. Vom alten Kloster blieben Reste der so genannten Sola-Basilika aus dem frühen 9. Jh. erhalten. Wir lassen auf der Vorfahrtsstraße die Räder rechts zum Fluss hinabrollen. Nach der Brücke links in die Bahnhofstraße. Dort findet man das Bürgermeister-Müller-Museum, in dem neben anderen Versteinerungen auch der berühmte Urvogel Archäopteryx zu bestaunen ist.

Tipp Am Marktplatz im Zentrum von Eichstätt bietet das Hotel Adler (Tel. 08421/6767) komfortable Zimmer in einem historischen Gebäude. Ebenfalls zentrumsnah liegen der Gasthof Klosterstuben (Tel 08421/3500 oder 7573) in der Pedettistraße und der Gasthof Zur Sonne (Buchtal 17, Tel. 08421/6791) mit ausgezeichneter Küche.

Der Radweg bleibt bis **Altendorf** rechts der Altmühl. Dort links über die Gailach-Brücke zur Hauptstraße und auf ihr links über die Altmühl. Nach 50 m biegen wir rechts in ein Sträßchen und halten uns nach ca. 500 m an der Weggabelung rechts. Wir radeln nach **Hagenacker**, biegen kurz nach der Bahnlinie links in einen Wirtschaftsweg und gelangen nach **Dollnstein**. Der hübsche Ort ist fast vollständig von einem Mauerring umgeben. Rechts in den Ort, linkshaltend auf dem Nixenweg zur Papst-Viktor-Straße und auf ihr links zum 1491 erbauten **Nordtor**. An dieser Stelle in den Burgsteinweg und geradwegs zur **Attenbrunnmühle**. Hier über die Altmühl und bald wieder zurück an das linke Ufer. In **Obereichstätt** rechtshaltend in die Obere Dorfstraße und kurz vor Ortsende rechts in die Eichstätter Straße. Unter der Hauptstraße hindurch und auf einem Radweg am Fluss entlang. Nördlich von **Wasserzell** links zur Hauptstraße hoch und rechts nach **Rebdorf** mit dem barocken Augustinerkloster.

Kurz vor dem Kloster radeln wir rechts zu einem Kanal hinab. Bald links über ein Steinbrückchen und rechts in die Straße »Weiheracker«. Rechts führt ein Radweg an der Altmühl entlang. Unterhalb der Willibaldsburg, die ab dem Jahre 1360 von den Eichstätter Bischöfen errichtet wurde, bringt uns eine schmale Brücke auf das rechte Altmühlufer. Nun geradeaus, bis wir unter der B 13 hindurchfahren. Wir radeln linkshaltend zum Wehr und dann am rechten Ufer der Altmühl entlang bis zum Herzogsteg, der uns zur Altstadt von **Eichstätt** führt.

Essen und Trinken: In Dietfurt, Pappenheim, Solnhofen, Dollnstein, Breitenfurt, Obereichstätt, Eichstätt-Wasserzell und Eichstätt.
Unterkunft: Pappenheim: Hotel Krone Seeberger, Tel. 09143/273; Pension Hirschen, Tel. 09143/434; Solnhofen: Gasthof Adler, Tel. 09145/83110; Gasthof Senefelder Hof, Tel. 09145/1225; Dollnstein: Mehrere Gasthöfe; Breitenfurt: Gästehaus Elke, Tel. 08422/570; Obereichstätt: Gasthof zur Hüttenschenke, Tel. 08421/97970; Eichstätt: Größere Auswahl an Hotels und Gasthöfen.
Preiswerte Unterkunft: Eichstätt: Jugendherberge, Tel. 08421/98040.
Camping: Pappenheim: Naturcamping, Tel. 09143/1275 oder 6455; Dollnstein: Campingplatz, Tel. 08422/278.
Sehenswertes: Pappenheim: Burg und Altstadt; Solnhofen: Bürgermeister-Müller-Museum und Sola-Basilika; Dollnstein: Historischer Ortskern; Rebdorf: Kloster; Eichstätt: Historischer Stadtkern mit Dom und die Willibaldsburg.
Tourist-Info: Pappenheim: Fremdenverkehrsbüro, Tel. 09143/6266 oder 6060; Solnhofen: Verkehrsamt, Tel. 09145/6777; Dollnstein: Verkehrsverein, Tel. 08422/1502; Eichstätt: Städtisches Fremdenverkehrsamt, Tel. 08421/7977.

Von Eichstätt nach Beilngries

Eichstätt – Pfünz – Walting – Kipfenberg – Kinding – Beilngries

leicht

43 km

↑ 30 m
↓ 50 m

3 ½ Std.

Von Eichstätt führt der Weg flussab durch das breite, von Felstürmen überragte Tal der Altmühl, das einst von der Urdonau gegraben wurde. Hübsche Städte und beschauliche Dörfer sorgen ebenso für Abwechslung wie Burgen und ein Römerkastell, ehe man die Altstadt von Beilngries erreicht.

Tourenverlauf

In **Eichstätt** fahren wir in östlicher Richtung über den Residenzplatz und biegen an seinem Ende rechts in eine Seitenstraße, die in einen Radweg übergeht. Durch eine Parkanlage radeln wir, vorbei am Hofgarten, am linken Ufer der Altmühl entlang, bis uns eine Holzbrücke auf die Südseite des Flusses bringt. Dort halten wir uns links und radeln am Rande des Flusstales unterhalb der B 13 bis zum Waldrand. Wir biegen links

in einen Weg, der uns nahe an der Altmühl nach **Pfünz** leitet. Wir radeln geradeaus durch den Ort, bis links an einem Parkplatz ein Radweg beginnt.

Wer einen kurzen, aber anstrengenden Abstecher nicht scheut, der fährt hier nicht in den Radweg, sondern biegt rechtshaltend auf die Teerstraße ein. Nach kurzer Fahrt zweigt man rechts auf eine schmale Straße ab, die steil aufwärts führt. Bald ist der Rand der Hochebene erreicht und links leitet die Zufahrtsstraße zum nahen **Römerkastell Vetoniana**, das im 2. nachchristlichen Jahrhundert Kaiser Antonius Pius errichten ließ. Es bewachte

Tourencharakter: Großteils auf Radwegen durch das gewundene Altmühltal.
Ausgangspunkt: Der Residenzplatz in Eichstätt.
Endpunkt: Das Ortszentrum von Beilngries.
Anreise und Rückfahrt: Eichstätt liegt an der B 13 und ist mit der Bahn zu erreichen.
Streckenverlauf: Walting: 12 km; Kipfenberg: 13 km: Kinding: 6 km; Beilngries: 12 km.
Kombination: In Eichstätt Anschluss an Tour 18, in Beilngries an Tour 20.
Wegweisung: Die Wegweiser des Altmühltal-Radweges.
Karte: ADFC-Radtourenkarte 1 : 150 000, Blatt 22 »Fränkische Alb – Altmühl«.

die Römerstraße, die unten im Tal die Altmühl überquerte. Der Ortsname von Pfünz geht daher wohl auf das lateinische Wort »pons« für Brücke zurück. Das Kastell ist zum Teil rekonstruiert und bietet mit Tor, Wachturm und Wehrmauer ein anschauliches Bild römischer Wehrbauten.

Zurück in Pfünz biegen wir in den zuvor erwähnten Radweg, überqueren die Altmühl und halten uns dann rechts. Wir radeln geradewegs durch **Inching** nach **Walting**. An der Kreuzung vor der Kirche biegen wir nach rechts, überqueren die Altmühl und fahren auf dem Radweg nach links. Der Weg führt uns durch Bauernland und bietet bald die Möglichkeit für einen kurzen Abstecher über den Fluss nach **Rieshofen**. Hier findet man neben dem Fluss die malerischen Reste einer um 1200 erbauten Wasserburg.

Die Reste der um 1200 erbauten Wasserburg von Riesenhofen.

Rechts des Flusses radeln wir bis an den Ortsrand von **Pfalzpaint**. Wir fahren linkshaltend in das Dorf, biegen neben der Kirche nach links und überqueren die Altmühl. Hinter der Brücke halten wir uns rechts, biegen nach kurzer Fahrt erneut rechts ab zum Flussufer und radeln dann geradeaus nach **Gungolding**. Über die Kreuzung nahe der Altmühlbrücke lenken wir in die Turmstraße und halten uns an der folgenden Weggabelung rechts. Wir fahren bis zum Sportplatz von **Arnsberg**, über dem das Schloss und die Ruine der romanischen Burg aufragen. Wir biegen kurz nach links und dann wieder nach rechts. Jetzt am linken Talhang über **Regelmanns-**

Tipp Wer in Arnsberg einen Zwischenstopp einlegen will, der sollte das hoch über dem Tal gelegene Schloss besuchen. Die Mühe des Anstiegs wird durch ein ausgezeichnetes Restaurant, einen Biergarten und eine herrliche Aussicht belohnt.

brunn geradewegs in Richtung Böhming. Wir radeln rechtshaltend zur Altmühlbrücke, über die man einen Abstecher nach **Böhming** machen kann. Rund um das westlich des Dorfes malerisch in den Wiesen liegende gotische Kirchlein zeichnen sich die Wälle eines weiteren römischen Kastells ab.

Der Altmühl-Radweg bleibt links des Flusses und leitet uns, am Sportgelände vorbei, nach **Kipfenberg**. Rechts führt ein Abstecher in den im Mittelalter ummauerten Marktort, über dem sich die vom 12. bis zum 15. Jh. erbaute Burg erhebt. Wir bleiben links der Altmühl und fahren direkt zu einer Vorfahrtsstraße, auf ihr kurz nach rechts und dann links in die Gundekarstraße. Rechtshaltend nimmt uns ein Radweg auf, der uns

Schmale Gassen leiten an der mittelalterlichen Stadtmauer von Beilngries entlang.

nach **Grösdorf** führt. Von hier aus radeln wir geradewegs über **Ilbling** bis an den Ortsrand von Kinding. Nach der Autobahnunterführung auf der Hauptstraße nach rechts und über die Kreuzung in den Ort. Nach der Brücke über die Schwarzach biegen wir rechts in einen Radweg, der uns unterhalb der Wehrkirche zum Ortszentrum von **Kinding** bringt. Unbedingt sehenswert ist die im 14. Jh. um das ältere Gotteshaus erbaute Kirchenburg, deren perfekt renovierte Wehrmauern und Türme den Ort beherrschen.

Wir radeln unterhalb der Kirche kurz auf der Hauptstraße geradeaus und biegen dann links auf den kleinen Marktplatz ab. Die Beilngrieser Straße schwenkt nach rechts und führt uns an den Ortsrand. Links setzt der Radweg an, der auf der alten Staatsstraße im Auf und Ab durch den Talhang führt. Er leitet uns hinab zur neuen Straße, wo wir zwischen zwei Varianten wählen können. Entweder wir überqueren hier die Hauptstraße und folgen dem Radweg nach links, der zwischen Straße und Altmühl bis zur Zufahrtsstraße zur Kratzmühle führt. Oder wir fahren geradeaus weiter bis **Pfraundorf**, halten uns dort rechts und radeln über die Hauptstraße und über die Altmühl zur **Kratzmühle**. Dort biegen wir ca. 50 Meter nach der Brücke links in ein schmales Sträßchen, das uns rechts der Altmühl nach **Kirchanhausen** führt. Links über die Altmühl und nach dem Sportgelände rechts in einen Wirtschaftsweg.

Vorbei am Sportplatz radeln wir geradewegs nach Beilngries hinein, bis wir auf die »Alte Ingolstädter Straße« stoßen. Auf ihr links in das Stadtzentrum von **Beilngries**. Die Stadtmauer aus dem 15. Jh. mit 9 Wehrtürmen ist weitgehend erhalten geblieben. Sie umgibt die gut erhaltene Altstadt mit ihren bunten Bürgerhäusern, der barocken Frauenkirche und dem 1763 erbauten Franziskanerkloster. Drei Kilometer nordwestlich der Stadt erhebt sich auf einem Bergsporn Schloss Hirschberg, die ehemalige Sommerresidenz der Eichstätter Fürstbischöfe. Vorbei an zwei gotischen Tortürmen erreicht man das aufwändig ausgestattete Rokoko-Schloss.

Essen und Trinken: In Pfünz, Inching, Walting, Rieshofen, Pfalzpaint, Arnsberg, Böhming, Kipfenberg, Kinding, Unteremmendorf, Pfraundorf, Kirchanhausen, Beilngries.
Unterkunft: Pfünz: Gasthof Sichert, Tel. 08426 / 231; Inching: Landgasthof Gut Moierhof, Tel. 08426 / 416; Landgasthof Zur Mühle, Tel. 08426 / 221; Walting: Gasthof Fischerwirt, Tel. 08426 / 249; Rieshofen: Gasthof Johann Bauer, Tel. 08426 / 266; Arnsberg: Landgasthof Zum Raben, Tel. 08465 / 940 40; Böhming: Gasthof Römer-Castell, Tel. 08465 / 278; Kipfenberg: Mehrere Gasthöfe und Pensionen; Kinding: Gasthof Krone, Tel. 08467 / 268; Pension Biedermann, Tel. 08467 / 282; Unteremmendorf: Gasthof Zimmermann, Tel. 08467 / 279; Kirchanhausen: Gasthaus Altmühlblick, Tel. 08461 / 484; Beilngries: Mehrere Hotels und Gasthöfe.
Camping: Kipfenberg: Azur Camping Altmühltal, Tel 08465 / 588; Kratzmühle: Campingplatz, Tel. 08461 / 525; Beilngries: Campingplatz an der Altmühl, Tel. 08461 / 84 06.
Sehenswertes: Pfünz: Römerkastell; Rieshofen: Wasserburg; Pfalzpaint: Kirche und ehemalige Burg; Arnsberg: Schloss; Kipfenberg: Historischer Ortskern und Burg; Kinding: Wehrkirche; Beilngries: Altstadt und Schloss Hirschberg.
Tourist-Info: Kipfenberg: Tourist-Information, Tel. 08465 / 174 30 oder 174 31 oder 17 48 82; Kinding: Verkehrsamt, Tel. 08467 / 587; Beilngries: Touristik-Verband, Tel. 08461 / 84 35.

Tipp In der Hauptstraße im historischen Ortszentrum von Beilngries bieten der altehrwürdige Brauerei-Gasthof Zum Goldenen Hahn (Tel. 08461 / 281 oder 419) und das Hotel Fuchs-Bräu (Tel. 08461 / 65 20) gepflegte Zimmer und eine gute Küche.

leicht

43 km

↑ 30 m
↓ 60 m

3 ½ Std.

Von Beilngries nach Kelheim

Beilngries – Dietfurt – Riedenburg – Essing – Kelheim

Bei Dietfurt erreichen wir den Rhein-Main-Donau-Kanal, der heute als breite Wasserstraße das untere Altmühltal einnimmt. Der Schönheit dieses Abschnittes mit seinen malerischen Ortschaften und den auf steilen Felszinnen errichteten Burgen tut dies kaum einen Abbruch.

Tourenverlauf

Vom Stadtzentrum von **Beilngries** fahren wir auf der Hauptstraße, der B 299, in südliche Richtung. Am südlichen Ortsrand radeln wir über die Altmühlbrücke und an ihrem südlichen Ende links über die Bundesstraße in eine Seitenstraße. Nach wenigen Metern halten wir uns rechts und folgen einer schmalen Nebenstraße, die parallel zur viel befahrenen Bundesstraße verläuft. Kurz bevor das Sträßchen wieder zur B 299 leitet, biegen wir links in die Flugplatzstraße. Die schmale Straße leitet uns geradezu nach **Kottingwörth.** Im Dorf stoßen wir auf eine vorfahrtsberechtigte Straße, der wir nach links über die Altmühl folgen. Im Chor der Pfarrkirche St. Vitus ist ein vollständig erhaltener gotischer Freskenzyklus aus dem 14. Jh. zu bewundern.

Ca. 100 Meter nach der Brücke über die Altmühl halten wir uns an der Kreuzung im Ortszentrum rechts. Wir folgen geradewegs einem Radweg, der uns vorbei an der Kottingwörther Mühle am linken Ufer der Altmühl entlang leitet. Am Ortsrand von **Töging** stoßen wir dann auf eine vorfahrtsberechtigte Straße. Wir überqueren diese und radeln auf einer Nebenstraße gemütlich durch das Dorf. Die Straße geht vor der Kirche in einen Radweg über, der auf einer ehemaligen Bahntrasse verläuft. Kurz vor dem Rhein-Main-Donau-Kanal schwenkt der Radweg nach rechts zur Hauptstraße, an der entlang wir nach **Dietfurt** fahren. Am Marktplatz steht das im 17. Jh. erbaute Rathaus mit Treppengiebel und die barocke Pfarrkirche besticht

Tourencharakter: Auf Radwegen durch das von Felszinnen und Burgen überragte Tal der Altmühl.
Ausgangspunkt: Die Altstadt von Beilngries.
Endpunkt: Das Stadtzentrum von Kelheim.
Anreise und Rückfahrt: Beilngries liegt nordöstlich der Ausfahrt Kinding von der A 9.
Streckenverlauf: Dietfurt: 11 km; Riedenburg: 18 km; Essing: 9 km; Kelheim: 5 km.
Kombination: In Beilngries Anschluss an Tour 19, in Kelheim an Tour 14 und 15.
Wegweisung: Die Wegweiser des Altmühltal-Radweges.
Karte: ADFC-Radtourenkarte 1 : 150 000, Blatt 22 »Fränkische Alb – Altmühl«.

durch ihre reiche Ausstattung. In der Kirche des beschaulichen Franziskanerklosters ist eine feine spätgotische Muttergottes zu entdecken. Rund um den Stadtkern blieben Reste der mittelalterlichen Stadtbefestigung und fünf der ursprünglich sechs Türme erhalten.

Westlich von Riedenburg überqueren wir die breit aufgestaute Altmühl.

Wir durchqueren den Ort auf der Hauptstraße. Am Ortsende nimmt uns wieder ein Radweg auf, der uns um den mit prähistorischen Wallanlagen befestigten Wolfsberg nach **Mühlbach** führt. Am Ortsende zweigen wir rechts in den Irrleweg ab, folgen dem Hang des Wolfsberges und biegen vor einem Altarm der Altmühl scharf nach links. Der Radweg führt uns nun an das Ufer des Rhein-Main-Donau-Kanals und folgt dessem linken Ufer. Bei **Meihern** radeln wir unter einer Brücke hindurch.

Das Tal leitet uns anschließend an den kleinen Dörfern **Oberhofen** und **Gundlfing** vorbei in zwei weit

Essen und Trinken: In Kottingwörth, Töging, Dietfurt, Mühlbach, Meihern, Eggersberg, Oberhofen, Riedenburg, Prunn, Nußhausen, Pillhausen, Essing und Kelheim.
Unterkunft: Kottingwörth: Mehrere Gasthöfe und Pensionen; Töging: Gasthof Aenderl, Beilngrieser Str. 14, Tel. 08464 / 640 10; Dietfurt und Mühlbach: Mehrere Hotels, Gasthöfe und Pensionen; Meihern, Eggersberg, Oberhofen, Riedenburg, Prunn und Nußhausen: Große Auswahl an Hotels, Gasthöfen und Pensionen (Auskunft Riedenburg); Essing: Große Auswahl an Gasthöfen und Pensionen; Kelheim: Große Auswahl an Hotels, Gasthöfen und Pensionen.
Preiswerte Unterkunft: Kelheim-Ihrlerstein: Jugendherberge, Tel. 09441 / 33 09.
Camping: Riedenburg: Campingplatz Talblick, Tel. 09442 / 430; Pillhausen: Campingplatz Kastelhof, Tel. 09447 / 698; Kelheim: Campingplatz Herrnsaal (4 Kilometer östlich), Tel. 09441 / 96 07.
Sehenswertes: Kottingwörth: Pfarrkirche; Dietfurt: Historischer Ortskern; Eggersberg: Schloss Eggersberg; Riedenburg: Rosenburg mit Falknerei; Nußhausen: Schloss Prunn; Essing: Burgruine Randeck, Tropfsteinhöhle Schulerloch; Kelheim: Siehe Tour 14.
Tourist-Info: Dietfurt: Verkehrsbüro, Tel. 08464 / 17 15; Riedenburg: Haus des Gastes, Tel. 09442 / 90 50 00; Essing: Verkehrsbüro, Tel. 09447 / 92 00 93; Kelheim: Verkehrsamt, Tel. 09441 / 70 12 34.

gezogenen Schlingen durch das Hügelland der Fränkischen Alb zur Schleuße Riedenburg. An dieser Stelle überqueren wir die Wasserstraße und halten uns dann links. Am Ufer entlang radeln wir in das nahe **Riedenburg**, dessen hübsches historisches Ortszentrum rund um das 1731 erbaute Rathaus und die barocke Stadtkirche rechts am Fuße dreier mittelalterlicher Burgen liegt. Alle drei Burgen wurden während der Bauernkriege zerstört. Während jedoch Burg Rabenstein und Burg Tachenstein bis heute Ruinen geblieben sind, wurde die Rosenburg im 16. Jh. als Renaissance-Schloss mit prächtigen Staffelgiebeln und Erkern wieder aufgebaut. Am Schloss Rosenburg bietet eine Falknerei Flugvorführungen mit Adlern, Falken und Geiern, außerdem ist in den Räumen des Schlosses ein Falknerei- und ein Burgenmuseum untergebracht.

Tipp Am Marktplatz von Riedenburg verführt das ehrwürdige Hotel Schwan (Tel. 09442 / 12 72) mit preiswerten Zimmern und seiner guten bayerischen Küche zu einem Zwischenstopp.

Im Ort bleiben wir am rechten Kanalufer und fahren zur großen Brücke, die am östlichen Stadtrand den Kanal überspannt. Hier findet man in der »Fasslwirtschaft« ein Kristallmuseum. Neben wertvollen Edelsteinen und Halbedelsteinen ist hier die größte Bergkristallgruppe der Welt ausgestellt. Die in den USA gefundene Gruppe weist das beeindruckende Gewicht von 7,8 Tonnen auf.

Unser Weg leitet uns jetzt auf die breite Brücke, auf der wir den Kanal überqueren. Jenseits der Wasserstraße biegen wir rechts auf einen Radweg. Nach einem Kilometer bieten sich zwei Wegalternativen. Linkshaltend erreicht man die alte Straße, die über **Prunn** in das malerische **Essing** leitet. Eingeklemmt zwischen Wasser und den steilen Felsen, auf der die Burgruine Randeck steht, gefällt der historische Ortskern mit dem wuchtigen Brückenturm. Von Essing geht es anschließend direkt nach Altessing. Alternativ kann man auch geradeaus dem Radweg am Kanalufer folgen,

bis in **Altessing** beide Wege wieder zusammenfinden. Höhepunkt auf beiden Wegvarianten ist der Blick hinauf zum Schloss Prunn, das sich hoch über Nußhausen auf einen steil abfallenden Jurafelsen klammert. Es zählt zu den besterhaltenen Ritterburgen in Bayern. Die ältesten Bauteile wurden um 1200 errichtet und später durch gotische Bauten ergänzt. Auf der Burg wurden Teile einer prunkvollen mittelalterlichen Handschrift des Nibelungenliedes gefunden.
Von **Altessing** aus folgt der Altmühl-Radweg weiterhin dem linken Kanalufer, das man am Ortsende rechtshaltend erreicht. Will man einen Abstecher zum Schulerloch machen, einer bekannten Schauhöhle mit herrlichen Tropfsteinen, fährt man am Ortsende geradeaus weiter. Nach der Besichtigung bleibt man links der Hauptstraße. In **Gronsdorf**, deren kleine gotische Pfarrkirche einen schönen spätgotischen Bilderzyklus birgt, kann man wieder nach rechts zum Radweg am Kanalufer wechseln. Bis wir in Kelheim die Fußgängerbrücke nördlich der Altstadt erreichen, an der wir auf den Donau-Radweg treffen, folgen wir immer dem linken Ufer des Kanals. Rechts über die Brücke und durch das Tor radeln wir in die Altmühlstraße, die uns in das Zentrum der Altstadt von **Kelheim** (siehe Tour 14) führt.

Eingeklemmt zwischen der Altmühl und steilen Felswänden liegt der Ort Essing.

leicht

24 km

↑ 50 m
↓ 50 m

2 Std.

VON RENNERTSHOFEN NACH DOLLNSTEIN

Rennertshofen – Hütting – Wellheim – Dollnstein

Durch das malerische Wellheimer Trockental führt die so genannte Urdonautal-Route von der Donau zur Altmühl. Einst floss die Donau durch dieses Tal und das untere Altmühltal, um beim heutigen Kelheim wieder auf ihren jetzigen Lauf zu treffen.

Bei Konstein führt der Weg am Fuße bizarrer Jurafelsen durch das Tal der Urdonau.

Tourenverlauf

Vor dem östlichen Tor am Rand des historischen Ortskerns von **Rennertshofen** auf der Hauptstraße nach links, bis wir rechts in die Industriestraße einschwenken. Nun geradeaus zu einer Kreuzung bei **Mauern**. In den sich links oberhalb öffnenden Weinberghöhlen fand man Spuren steinzeitlicher Jäger. Wir fahren rechts über die Gleise, halten uns noch vor dem Ort links und radeln dann wieder links der Bahnlinie bis kurz vor **Ellenbrunn**. Hier linkshaltend auf einen Kiesweg, an der nächsten Gabelung rechts und über eine Teerstraße. Nun auf schmaler Straße nach **Hütting**, das von einer Burgruine aus dem 11. Jh. überragt wird. Geradewegs zur Hauptstraße und auf ihr nach rechts. Nach den Gleisen links in eine Nebenstraße und bald geradewegs auf einen Kiesweg, dem wir bis zu einer Wegkreuzung folgen. An die-

Essen und Trinken: In Rennertshofen, Ellenbrunn, Hütting, Wellheim, Konstein, Dollnstein.
Unterkunft: Rennertshofen: Gästehaus Hager, Tel. 08434 / 13 02; Gästehaus Seefried, Tel. 08434 / 18 06; Wellheim: Gaststätte Naturfreundehaus, Tel. 08427 / 330; ab Dollnstein: Mehrere Gasthöfe.
Camping: Rennertshofen: Jugendzeltplatz, Auskunft Gemeindeverwaltung, Tel. 08434 / 611; Dollnstein: Naturcamping, Tel. 08422 / 278.
Sehenswertes: Mauern: Weinberghöhlen; Wellheim: Pfarrkirche und Burg; Dollnstein siehe Tour 18.
Tourist-Info: Rennertshofen: Gemeindeverwaltung, Tel. 08434 / 611; Wellheim: Gemeindeverwaltung, Tel. 08427 / 991 10; Dollnstein: Verkehrsverein, Tel. 08422 / 15 02.

Tourencharakter: Auf Nebenstrecken durch das malerische Urdonau-Tal.
Ausgangspunkt: Rennertshofen liegt westlich von Neuburg an der Donau.
Endpunkt: Dollnstein im Altmühltal.
Anreise und Rückfahrt: Rennertshofen ist mit dem Bus zu erreichen. Rückkehrmöglichkeit von Dollnstein über Ingolstadt nach Neuburg an der Donau mit der Bahn.
Streckenverlauf: Wellheim: 14 km; Dollnstein: 10 km.
Kombination: In Rennertshofen Anschluss an Tour 12, in Dollnstein an Tour 18.
Wegweisung: Wegweiser der »Urdonautal-Route«.
Karte: ADFC-Radtourenkarte 1 : 150 000, Blatt 22 »Fränkische Alb – Altmühl«.

ser Stelle nach links, dann rechts über die Schutter und nach 100 m wieder links halten. Bald nach einem kurzen Anstieg an einer Weggabelung links abwärts. An der nächsten Gabelung rechts und geradeaus nach Wellheim zu einer Vorfahrtsstraße. Auf ihr links in das Ortszentrum von **Wellheim**, das von der barocken Kirche und der im 12. Jh. erbauten Burg überragt wird.

Auf der Hauptstraße zum Ortsrand, rechts in ein Seitensträßchen und nach wenigen Metern links in einen Kiesweg. Vor bizarren Felsen links auf eine Teerstraße nach **Konstein** und geradeaus durch den Ort. Bei den letzten Häusern links auf einem Kiesweg zur Hauptstraße und auf ihr nach rechts. Nach ca. 400 m auf Kiesweg an der Bahnlinie entlang. Bald ein kurzes Stück neben der Hauptstraße und dann rechts über sie zu einem kleinen See. Dort links halten und geradewegs nach **Dollnstein**.

Tipp Im hübschen Ortszentrum von Dollnstein bieten unter anderen das Gasthaus Kirchenschmied (Tel. 08422 / 15 12) in der Papst-Viktor-Straße und der Gasthof Zur Post (Tel. 08422 / 15 15) am Marktplatz gepflegte Gastlichkeit zu vernünftigen Preisen.

leicht

57 km

↑ 40 m
↓ 50 m

4 ½ Std.

Von Regensburg nach Straubing

Regensburg – Donaustauf – Wörth – Pondorf – Kößnach – Straubing

Von Regensburg, wo die Donau ihren nördlichsten Punkt erreicht, führt diese Etappe in die Donauebenen von Niederbayern, die den Namen Gäuboden tragen. Höhepunkt ist der Blick vom weißen Marmortempel der Walhalla auf die Donau und das weite Land.

Über der weiten Donauebene liegt die Walhalla.

Tourenverlauf

Wir beginnen die Tour an der Steinernen Brücke in **Regensburg.** Der Beschilderung des Donau-Radweges folgend radeln wir am Altstadtufer nach Osten und auf der nahen Brücke links über die Donau. Nach der Brücke geradeaus und über einen Steg zur Andreasstraße. Auf ihr nach links, neben der Kirche St. Mang auf der Vorfahrtsstraße nach rechts und über die Brücke zur Frankenstraße. Auf dem Radweg fahren wir nach rechts und biegen nach der Regenbrücke rechts in die Holzgartenstraße. Bald rechts ab in die schmale Bedelgasse und

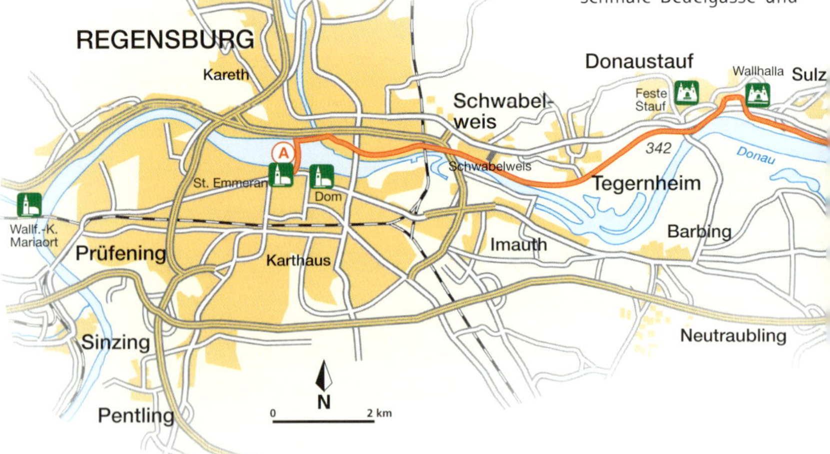

durch die Straßenunterführung. Über die Johannisstraße erreichen wir den Schwabelweiser Weg. Nach einem kurzen Linksknick finden wir die Fortsetzung des Schwabelweiser Weges, auf der wir das Stadtgebiet verlassen. Nahe der Donau radeln wir unter der Autobrücke hindurch und dann am Ortsrand von **Schwabelweis** entlang. Der Radweg verlässt die schmale Straße und führt uns südlich um Tegernheim herum über stille Wirtschaftssträßchen zur neuen Donaubrücke. Hier ist ein kurzer Abstecher in das nahe **Donaustauf** möglich. Über der Stadt ragt die Ruine der Burg auf, deren Geschichte bis in das 10. Jh. zurückverfolgt werden kann.

Tipp In Bach und in Kruckenberg findet man die einzig verbliebenen Weinberge in Altbayern. Bleibt man zu lange in einer der gemütlichen Weinstuben, kann man in Bach im Gasthof zur Post (Tel. 09403 / 13 29) oder in Kruckenberg in der Weinstube Vogelherd (Tel. 09482 / 30 90) preiswert übernachten.

Wir radeln unter der Brücke hindurch, erreichen die Hauptstraße und folgen dem Radweg nach rechts. Bald leitet uns eine kleine Unterführung zur anderen Straßenseite. Hier beginnt der steile Aufstiegsweg zur **Walhalla**, die in hellem Marmor leuchtet. König Ludwig I. von Bayern ließ sie zwischen 1830 und 1842 durch Leo von Klenze nach dem Vorbild des antiken Parthenon erbauen. Als nationale Ruhmeshalle beherbergt sie die Büsten berühmter Deutscher. Nach dem Abstecher fahren wir auf dem Radweg südlich an **Sulzbach** vorbei. Unter den Hängen des Scheuchenberges verlässt der Donau-Radweg die Hauptstraße und folgt dem Donaudamm. Vorbei an **Demling** geht es nach **Frengkofen**. Kurz vor dem Ort führt links ein Abstecher nach Bach. In Bach findet man ebenso wie im nahen Kruckenberg die letzten altbayerischen Weinberge.

Von Frengkofen radeln wir in weiten Bögen am Flussdamm entlang, bis wir südlich von Wörth ein Schöpfwerk erreichen. Noch ca. 500 Meter an der Donau ent-

Tourencharakter: Auf Nebenstraßen und Radwegen entlang des träge dahinfließenden Stromes durch das weite Donautal, das von der Walhalla überragt wird.
Ausgangspunkt: Das Stadtzentrum von Regensburg.
Endpunkt: Die Altstadt von Straubing.
Anreise und Rückfahrt: Regensburg liegt im Kreuzungspunkt mehrerer Fernverkehrsstraßen und ist problemlos mit der Bahn zu erreichen. Rückkehrmöglichkeit von Straubing nach Regensburg mit der Bahn.
Streckenverlauf: Donaustauf: 13 km; Wörth: 21 km; Kößnach: 16 km; Straubing: 7 km.
Kombination: In Regensburg Anschluss an Tour 15, in Straubing an Tour 23 und 26.
Wegweisung: Die Wegweiser des Donau-Radweges.
Karte: ADFC-Radtourenkarte 1 : 150 000, Blatt 23 »Bayerischer Wald – Donau«.

lang und nach der Alten Donau links in Richtung Wörth. Nach einem weiteren Kilometer muss man sich an der nächsten Kreuzung entscheiden. Nach links und an der folgenden Kreuzung rechts führt ein Abstecher nach **Wörth**, das vom Schloss der Regensburger Bischöfe überragt wird. Die Bauten rund um den romanischen Bergfried entstanden hauptsächlich im 16. und 17. Jahrhundert.

Wir folgen jedoch dem Donau-Radweg nach rechts und radeln dann links bis vor die Autobahn. Noch vor der Brücke nach rechts und entlang der Autobahn bis zu einer Kreuzung. Wir radeln gerade durch, halten uns danach links und überqueren zügig eine Vorfahrtsstraße.

An dieser Stelle geradeaus auf schmalem Sträßchen, bis wir an seinem Ende rechts nach **Pondorf** gelangen. Geradewegs durch das Dorf und nach der Kirche links in eine Wirtschaftsstraße, die uns zur Donau bringt. Vor dem Damm halten wir uns links und radeln über **Pittrich** nach **Kößnach**. Im Dorf auf der Hauptstraße nach rechts und immer geradeaus, bis wir auf eine große Straße treffen. Auf dem Radweg nach rechts und nach

Im Zentrum der Altstadt von Straubing ragt der Stadtturm auf.

Essen und Trinken: In Donaustauf, Bach, Wörth, Hofdorf, Kößnach, Sossau, Straubing.
Unterkunft: Donaustauf: Mehrere Hotels, Gasthöfe und Pensionen; Bach: Gasthof zur Post, Tel. 09403 / 13 29; Wörth (1 km abseits): Größere Auswahl an Gasthöfen und Pensionen; Hofdorf: Gasthof Pflamminger, Tel. 09482 / 17 70; Kirchroth (1,5 km abseits): Mehrere Gasthäuser und Pensionen; Kößnach: J. Groß, Tel. 09428 / 15 74; Straubing: Große Auswahl an Hotels, Gasthöfen und Pensionen.
Preiswerte Unterkunft: Straubing: Jugendherberge, Tel. 09421 / 804 36.
Camping: Straubing: Campingplatz Straubing, Tel. 09421 / 129 12; Zeltplatz Kanuclub, Tel. 09421 / 120 94.
Sehenswertes: Donaustauf: Burgruine, Wallfahrtskirche St. Salvator und Walhalla; Wörth: Schloss und Pfarrkirche; Straubing: Altstadt mit Herzogschloss, Stadtturm, Kirchen und Museen.
Tourist-Info: Donaustauf: Marktverwaltung, Tel. 09403 / 950 20; Wörth: Verkehrsamt, Tel. 09482 / 940 30; Straubing: Amt für Tourismus, Tel. 09421 / 94 43 07.

Straubing
Eine Anzahl stattlicher Kirchen und Bürgerhäuser zeugen vom Reichtum, den die Stadt im Herzen des fruchtbaren niederbayerischen Gäubodens seit ihrer Gründung im Jahre 1218 erwarb. Traurige Berühmtheit erlangte Straubing, als Herzog Ernst von Bayern hier 1435 Agnes Bernauer, die aus niederem Stand entstammende Gattin seines Sohnes, ertränken ließ. Neben dem im 14. Jh. erbauten Rathaus mit einem schönen Laubenhof aus dem 16. Jh. und dem an der Donaubrücke gelegenen Schloss aus dem 14. Jh. sind in Straubing vor allem einige Kirchen sehenswert. In der großen gotischen Stadtpfarrkirche St. Jakob bestechen die herrliche Rokoko-Kanzel, die wertvollen Figuren und Bilder im Hochaltar und einige Glasfenster aus dem 15. Jh. Rund um das Kirchenschiff gruppieren sich reich ausgestattete Kapellen. In der Burggasse liegt die barocke Ursulinenkirche, ein Werk der berühmten Asambrüder.
Die Karmelitenkirche in der Albrechtsgasse besitzt einen der mächtigsten barocken Hochaltäre in Bayern. Am gleichnamigen mittelalterlichen Wehrfriedhof liegt die um 1200 erbaute Pfarrkirche St. Peter mit zwei eindrucksvollen romanischen Portalen. Im Friedhofsgelände sind drei gotische Kapellen von Interesse, darunter die 1435 von Herzog Ernst von Bayern als Sühne gestiftete Agnes-Bernauer-Kapelle mit der Grabplatte der schönen Baderstochter. In der Frauenhoferstraße ist in zwei barocken Adelshäusern das Gäubodenmuseum untergebracht, das neben geschichtlichen Funden und volkskundlichen Sammlungen einen 1950 nahe der Stadt entdeckten römischen Schatz zeigt.

der Unterführung geradewegs nach **Sossau** hinein. Mittelpunkt des Dorfes ist die in feierlchem Barock ausgestattete Wallfahrtskirche mit gotischem Gnadenbild im Hochaltar.

Tipp Preiswerte Unterkunft findet man in Straubing am zentralen Theresienplatz in der Pension Fürst (Tel. 09421 / 107 92) und in der Landshuter Straße im Hotel Landshuter Hof (Tel. 09421 / 332 35) und im Hotel Weißes Rössl (Tel. 09421 / 325 81).

Neben einer kleinen Brücke läuft eine Direktvariante des Donau-Radweges geradeaus. Wir radeln jedoch rechts über die Brücke und stoßen auf die neue Westtangente. Ein Radweg führt uns an ihr entlang über die Donau und am Festplatz vorbei bis zur Straubinger Innenstadt. Wir radeln einen kurzen Berg geradewegs aufwärts bis zur großen Kreuzung. Links zweigt der Theresienplatz ab, über den wir den im 14. Jh. erbauten Stadtturm im Zentrum von **Straubing** erreichen.

leicht

34 km

↑ 20 m
↓ 30 m

3 Std.

Von Straubing nach Deggendorf

Straubing – Bogen – Mariaposching – Deggendorf

Entlang der träge dahinfließenden Donau führt diese Etappe durch das flache niederbayerische Bauernland. Kurz vor Deggendorf lotst uns ein Abstecher zum Kloster in Metten, das durch seinen herrlichen Bibliothekssaal besticht.

Tourenverlauf

In **Straubing** auf der Schlossbrücke nach Norden, dann rechts in eine Seitenstraße und im Bogen zur Hauptstraße zurück. Nach der Agnes-Bernauer-Brücke rechts abbiegen und geradewegs nach **Reibersdorf**. Am Ortsende leicht rechts halten und nach der Alten Kinsach geradeaus am Damm entlang. Südlich von Bogen knickt der Weg nach links und führt uns vor die Hauptstraße. Wir biegen rechts auf einen Radweg, der uns zur Ortsdurchfahrt in **Bogen** führt. Auf ihr rechts zum Stadtplatz und südöstlich aus dem Ort zur Umgehungsstraße. Auf der Um-

Tipp Zweimal hat man auf dieser Etappe die Möglichkeit, sein Zelt auf einem Bauernhof aufzuschlagen. In Reibersdorf kann man im Winkelmeier-Hof (Tel. 09421 / 122 95) außerdem im Gasthof übernachten, in Waltendorf bietet der Bauernhof Plank (Tel. 09906 / 492) zusätzlich zum Camping ebenfalls Zimmer an.

Tourencharakter: Entlang der Donau durch die weite Tallandschaft.
Ausgangspunkt: Die Donaubrücke in Straubing.
Endpunkt: Das Stadtzentrum von Deggendorf.
Anreise und Rückfahrt: Straubing besitzt einen Bahnanschluss. Rückkehrmöglichkeit von Deggendorf nach Straubing mit der Bahn.
Streckenverlauf: Bogen: 11 km; Mariaposching: 12 km; Deggendorf: 11 km.
Kombination: In Straubing Anschluss an Tour 22, in Deggendorf an Tour 24.
Wegweisung: Die Wegweiser des Donau-Radweges.
Landkarte: ADFC-Radtourenkarte 1:150 000, Blatt 23 »Bayerischer Wald – Donau«.

gehungsstraße links nach **Hofweinzier** und weiter auf dem Radweg, bis wir rechts in das Dörfchen **Pfelling** abbiegen können. Am Ortsrand rechts zum Donaudamm und immer am Fluss entlang durch **Mariaposching, Sommersdorf** und **Zeitldorf.** 1,5 Kilometer nach der Autobahnunterführung in Kurven links über die Hauptstraße zur Mettener Straße. Nach links führt ein Abstecher zum Kloster in Metten. Wir radeln jedoch nach rechts und nach einer Bahnunterführung rechts in den St. Florian-Weg. Nach kurzer Fahrt wechseln wir geradewegs auf einem Radweg zur Stadthalle und bald links in das Zentrum von **Deggendorf**.

Den Luitpoldsplatz beherrschen das spätgotische Rathaus und der Stadtturm von 1618. In der Heilig-Grab-Kirche findet man gotische Kunstwerke. Die Kapelle St. Katharina ist mit reichem Rokoko-Stuck ausgestattet. Am Rande der Altstadt zur Donau hin liegt die Pfarrkirche Mariä Himmelfahrt mit einem imposanten barocken Hochaltar.

Das Rathaus und der Stadtturm beherrschen den Luitpoldplatz in Deggendorf.

Essen und Trinken: In Reibersdorf, Bogen, Pfelling, Mariaposching, Metten und Deggendorf.
Unterkunft: Reibersdorf: Pension Schaller, Tel. 09421 / 101 57; Bogen: Mehrere Gasthöfe und Pensionen; Pfelling: Gasthof Selbitschka, Tel. 09422 / 21 78; Gasthaus zum Donauufer, Tel. 09422 / 23 06; Metten (1 km abseits): Mehrere Gasthöfe und Pensionen; Deggendorf: Größere Auswahl an Hotels und Gasthöfen.
Camping: Deggendorf: Camping Donaustrandhaus, Tel. 0991 / 43 24.
Sehenswertes: Bogen: Wallfahrtskirche und Heimatmuseum auf dem Bogensberg; Mariaposching: Pfarrkirche; Metten: Kloster; Deggendorf: Altstadt.
Tourist-Info: Bogen: Verkehrsamt, Tel. 09422 / 505 19; Metten: Rathaus, Tel. 0991 / 99 80 50; 94469 Deggendorf: Kultur- und Verkehrsamt, Tel. 0991 / 296 01 69.

leicht

39 km

↑ 40 m
↓ 50 m

3 ½ Std.

Von Deggendorf nach Vilshofen

Deggendorf – Niederalteich – Künzing – Pleinting – Vilshofen

Vorbei an der Mündung der Isar in die Donau führt diese Tour zur herrlichen Basilika in Niederalteich. Hier setzt man mit der Fähre auf das rechte Donauufer über und radelt durch das Tal, das nun nach und nach enger wird, nach Vilshofen.

Nach einem Brand im Kloster Niederaltaich wurde die Barock-Kirche erbaut.

Tourenverlauf

Von **Deggendorf** radeln wir entlang der Hauptstraße nach **Deggenau**. Dort rechts auf dem Rittsteigweg über die Bahnlinie und links an den Gleisen entlang. Kurz nach der Wallfahrtskirche in **Halbmeile** rechts über die Autobahn und entlang der Donau nach **Niederalteich**. Links findet man im Ortszentrum das Kloster mit der herrlichen Barock-Kirche. Mit der **Radlerfähre** über die Donau und geradewegs nach **Thundorf**. Dort links an der Donau entlang. Von

Tourencharakter: Auf Nebenstraßen und Feldwegen an der behäbigen Donau entlang.
Ausgangspunkt: Das Stadtzentrum von Deggendorf.
Endpunkt: Vilshofen.
Anreise und Rückfahrt: Deggendorf liegt nahe der Kreuzung von A3 und A92 und ist mit der Bahn zu erreichen. Rückkehrmöglichkeit von Vilshofen nach Deggendorf mit der Bahn.
Streckenverlauf: Niederalteich: 10 km; Künzing: 19 km; Vilshofen: 10 km.
Kombination: In Deggendorf Anschluss an Tour 23, in Niederalteich an Tour 29, in Vilshofen Anschluss an Tour 25.
Wegweisung: Die Wegweiser des Donau-Radweges.
Karte: ADFC-Radtourenkarte 1:150 000, Blatt 23 »Bayerischer Wald – Donau«.

Aicha auf schmaler Straße nach **Mühlham**. Geradeaus führt ein Abstecher zur wundervollen Barock-Basilika in Osterhofen.

Am Ortsende von **Mühlham** linkshaltend zum Donaudamm. Am Damm entlang und linkshaltend über eine Vorfahrtsstraße. Bald geradewegs über **Schnelldorf, Gramling** und **Endlau** nach **Langkünzing**. Am Ortsende links und auf der Vorfahrtsstraße nach **Künzing**. Geradeaus durch den Ort, nach der Bahnlinie links abbiegen und an der folgenden Wegkreuzung wieder nach links. Am Ortsrand von **Pleinting** dann nach einer Unterführung rechts aufwärts und in die erste Straße zur Linken. Linkshaltend zu einer Vorfahrtsstraße und links zum Bahnhof. Rechts der Gleise geradewegs nach **Vilshofen.** Hier links unter der Bahnlinie hindurch und auf der Hauptstraße rechts zum Stadttor. An der lang gezogenen Hauptgasse findet man prächtige Bürgerhäuser. Die mächtige Pfarrkirche enthält eine barocke Ausstattung und die barocke Wallfahrtskirche Mariahilf besitzt einen prächtigen Hochaltar.

Essen und Trinken: In Niederalteich, Thundorf, Mühlham, Künzing, Pleinting und Vilshofen.
Unterkunft: Niederalteich, Osterhofen und Künzing: Mehrere Gasthöfe und Pensionen; Pleinting: Gasthof Drei Mohren, Tel. 08549 / 347; Gasthof Baumgartner, Tel. 08549 / 320; Vilshofen: Mehrere Hotels, Gasthöfe und Pensionen.
Camping: Niederalteich: Campingmöglichkeit Pension J. Ehrnböck, Tel. 09901 / 15 79; Osterhofen-Roßfelden (1 km südlich der Donaubrücke nach Winzer): Camping auf dem Bauernhof J. Meier, Tel. 09932 / 22 76.
Sehenswertes: Niederalteich: Kloster; Osterhofen-Altenmarkt: Asam-Basilika; Vilshofen: Altstadt.
Tourist-Info: Niederalteich: Verkehrsamt, Tel. 09901 / 66 55; Osterhofen: Kultur- und Verkehrsamt, Tel. 09932 / 40 30 oder 40 31 15; Vilshofen: Touristik-Information, Tel. 08541 / 208 16.

Tipp Am Stadtplatz im Herzen von Vilshofen findet man im Gasthof Wolferstetterbräu (Tel. 08541 / 72 30) ein günstiges Unterkommen und kann dank der guten Küche neue Kräfte sammeln.

leicht

23 km

↑ 50 m
↓ 60 m

2 Std.

Von Vilshofen nach Passau

Vilshofen – Windorf – Gaishofen – Schalding – Passau

Diese Etappe führt nahe der Donau, deren Tal auf beiden Seiten von den Ausläufern des Bayerischen Waldes eingeschnürt wird, zur Dreiflüssestadt Passau. Die herrliche Lage und die malerische, von Burgen bewachte Altstadt machen die Stadt zum krönenden Abschluss einer Radreise entlang der deutschen Donau.

Prachtbauten und Brunnen in Passau.

Tourenverlauf

In **Vilshofen** teilt sich der Donau-Radweg in zwei Varianten, die rechts und links des Flusses entlang führen. Der ruhigere der beiden Wege bleibt rechts des Flusses. An der Auffahrt zur Donaubrücke hält man sich rechts und radelt über die Fils. Anschließend fährt man noch kurz geradeaus, bis man nach der Bahnlinie links zum nahen Bahnhof gelangt. Man radelt am Bahnhof vorbei und verlässt ohne Umwege das Stadtgebiet. Bis **Sandbach** immer rechts der Gleise bleiben. Im Ort hält man sich links und erreicht die nahe Donaufähre, auf der man den Fluss überquert. Jenseits kurz zur Hauptstraße aufwärts fahren, an der beide Varianten wieder zusammen finden.

Tourencharakter: Teils auf Radwegen, teils auf stärker befahrenen Straßen durch das enge Donautal zur herrlich gelegenen Dreiflüssestadt Passau.
Ausgangspunkt: Die Donaubrücke in Vilshofen.
Endpunkt: Die Altstadt von Passau.
Anreise und Rückfahrt: Vilshofen liegt westlich von Passau an der Mündung der Vils in die Donau und ist mit der Bahn zu erreichen. Rückkehrmöglichkeit von Passau nach Vilshofen mit der Bahn.
Streckenverlauf: Windorf: 4 km; Gaishofen: 7 km; Passau: 12 km.
Kombination: In Vilshofen Anschluss an Tour 24, in Passau an Tour 30.
Wegweisung: Die Wegweiser des Donau-Radweges.
Karte: ADFC-Radtourenkarte 1 : 150 000, Blatt 23 »Bayerischer Wald – Donau«.

Passau in der Geschichte
Die unvergleichliche Lage am Zusammenfluss von Donau, Inn und Ilz nutzten schon die Kelten für ihre Siedlung Baiodurum. Das römische »Kastell der Bataver« gab der Stadt ihren Namen. 739 machte Bonifatius Passau zum Bischofssitz, von dem aus das Gebiet bis Ungarn missioniert wurde. Dank der Fluss-Schifffahrt und der nach Prag führenden Handelsstraße, der »Goldenen Steige«, kam die Stadt im Mittelalter zu großen Reichtümern. Gegen das erstarkende Bürgertum setzten die Bischöfe ab dem 13. Jh. die Veste Oberhaus, in der heute mehrere Museen untergebracht sind. Im 14. Jh. entstand auf der unterhalb gelegenen Landzunge zwischen Ilz und Donau die Veste Niederhaus. Im 17. Jh. vernichteten zwei Brände weite Stadtgebiete. Der Wiederaufbau gab der Altstadt ihr barockes Aussehen. Wichtigstes Bauwerk ist der Dom St. Stephan, die größte Barockkirche nördlich der Alpen. Lediglich im Chor und im Querhaus blieb die gotische Vorgängerkirche erhalten. Die Fassade wurde nach dem Vorbild des Salzburger Doms gestaltet und der barocke Innenraum ist mit schwerem Stuck und gewagten Fresken ausgeschmückt. Neben den Altären und einer herrlichen Kanzel besitzt der Dom die größte Kirchenorgel der Welt, die über 17 388 Pfeifen und 231 Register verfügt.

Die zweite Variante leitet uns von **Vilshofen** auf der breiten Brücke über die Donau. Nach dem kleinen Flugplatz biegen wir rechts ab und fahren auf dem Radweg nach **Windorf**. Unterhalb des Ortes streckt sich die größte Flussinsel in die Länge, die die Donau auf ihrem langen Weg zwischen Ulm und Passau aufweist. Wir folgen der Hauptstraße durch den Ort. Teils auf der Straße, teils auf Radwegen geht es in leichtem Auf und Ab am linken Donauufer entlang. Bald liegt rechts unten am Ufer der Donau die Anlegestelle der Fähre, die am rechten Flussufer in Sandbach ablegt. Gemeinsam führt der Donau-Radweg noch ein Stück an der Hauptstraße entlang, bis wir vor Gaishofen rechts zum Donauufer hinabfahren. Auf ruhiger Strecke radeln wir südlich an den Dörfern **Gaishofen** und **Irring** vorbei. Nach **Schalding** geht es hinauf zur Hauptstraße, auf ihr unter der Autobahn hindurch und

Tipp In Passau gibt es eine unübersehbare Fülle an Fremdenzimmern in allen Preisklassen. Speziell auf Radfahrer eingerichtet ist das preiswerte Radlerhotel Rotel Inn (Tel. 0851 / 951 60), das in der Nähe des Hauptbahnhofs am Ufer der Donau zu finden ist.

Sehenswürdigkeiten in Passau
Am Residenzplatz hinter dem Dom zeigt die Neue Residenz ihre barocke Fassade. Im Inneren ein schönes Rokoko-Treppenhaus und das Domschatz- und Diözesanmuseum. Die nahe Alte Residenz ist ein im Kern gotischer Bau, der im Stil des Barock neu gestaltet wurde. Die Heilig-Kreuz-Kirche nahe der Spitze der Landzunge, die Donau und Inn bilden, gehörte zum ehemals einflussreichen Kloster Niedernburg. An die romanische, um 1010 erbaute Kirche ist ein gotischer Chor angefügt. In der gotischen Parzkapelle findet man neben anderen Gräbern das der um 1060 gestorbenen ungarischen Königin Gisela. Die nahe, Ende des 17. Jhs. erbaute Jesuitenkirche St. Michael ist mit feinem Barockstuck und einer prächtigen Kanzel ausgestattet.
Am Donauufer liegt am Rathausplatz das Alte Rathaus aus dem 14. Jh. und ein Glasmuseum. In der Innenstadt, am rechten Innufer, steht die heutige Friedhofskirche St. Severin. Teile des Mauerwerks dieser ältesten Kirche Passaus reichen bis in das 8. Jh. zurück. Die Severinskapelle soll die Klosterzelle sein, in der Severin, der erste Missionar Passaus, im 5. Jh. lebte. Ebenfalls in der Innenstadt liegt das Römermuseum im Kastell Boiotro mit einer Ausstellung zur frühen Geschichte.

Blick über den Inn zur Altstadt von Passau mit dem Dom und der Heilig-Kreuz-Kirche.

dann über das Flüsschen Gaißa. Der Weg wechselt nun auf die linke Seite der viel befahrenen Straße.
Wir treffen auf eine vorfahrtsberechtigte Straße, der wir nach links folgen. Über **Donauhof** und **Wörth** führt sie uns wieder zur Hauptstraße zurück. Am Ortsrand von **Maierhof** wechseln wir die Straßenseite. Nach einigen hundert Metern können wir am Kraftwerk die Donau überqueren (Radwegweiser Passau). Die Beschilderung des Donau-Radweges führt

uns jedoch noch kurz links der Donau an der Straße entlang und leitet uns dann rechts auf der breiten Franz-Josef-Strauß-Brücke über den Fluss. Auf der Südseite der Brücke wechseln wir auf die Richtung Stadtmitte ausgeschilderte B 8. Entlang der viel befahrenen Straße leitet uns ein Radweg vorbei am Hafen Racklau durch die Vororte nach **Passau**. Bald können wir rechts haltend den am Rande der Altstadt gelegenen Bahnhof von Passau erreichen. Oder wir fahren in der Nähe des Bahnhofs links durch eine Radler-Unterführung zum Ufer der Donau. Am Fluss entlang radeln wir, vorbei am Informationsbüro am Rathausplatz, bis zur Spitze der von Donau und Inn eingefassten Halbinsel, auf der im Zentrum der barocken Altstadt der riesige Dom von Passau liegt.

Essen und Trinken: In Windorf, Sandbach (Südroute, Fähre), Gaishofen, Schalding und Passau.
Unterkunft: Windorf: Mehrere Gasthöfe und Pensionen; Sandbach (Südroute, Fähre): Gasthaus Kuffner, Tel. 08548 / 240; Gasthof Kufner, Tel. 08548 / 237; Besensandbach: Privatquartier Simon, Tel. 08546 / 14 82; Gaishofen: Gasthaus H. Endl, Tel. 08546 / 322; Pension G. Bauer, Tel. 08546 / 25 08; Pension S. Wagner, Tel. 08546 / 25 00; Schalding: Pension H. Weinzierl, Tel. 08546 / 393; W. Fredl, Tel. 08546 / 601; Passau: Große Auswahl an Hotels, Gasthöfen und Pensionen.
Preiswerte Unterkunft: Passau: Jugendherberge, Tel. 0851 / 413 51.
Camping: Irring (1 km westlich Schalding): Dreiflüsse-Camping, Tel. 08546 / 633; Passau: Zeltplatz des TV Passau, Tel. 0851 / 414 57.
Sehenswertes: Passau: Altstadt mit Dom, Kirchen, Rathaus, Museen, Veste Oberhaus und Wasserburg Niederhaus.
Tourist-Info: Windorf: Verkehrsamt am Marktplatz, Tel. 08541 / 96 26 40; Passau: Tourist Information, Tel. 0851 / 95 59 80.

leicht

38 km

↑ 50 m
↓ 30 m

3 Std.

VON STRAUBING NACH NEUFAHRN IN NIEDERBAYERN

Straubing – Radldorf – Geiselhöring – Mallersdorf – Neufahrn in Niederbayern

In Straubing verlassen wir den Donau-Radweg und dringen abseits ausgetretener Touristenpfade in das stille Hügelland von Niederbayern vor. Das beschauliche Tal, durch das sich die Kleine Laber windet, eröffnet uns einen einfachen Weg.

Tipp Im Zentrum von Neufahrn in Niederbayern findet man den bodenständigen Gasthof Ramsauer (Tel. 08773/280). Wer Wert auf ein stilvolles Ambiente legt, der sollte sich im Hotel Schloss Neufahrn (Tel. 08773/7090) einquartieren.

Tourencharakter: Auf ruhigen Straßen durch das beschauliche Tal der Kleinen Laber.
Ausgangspunkt: Die Altstadt von Straubing.
Endpunkt: Neufahrn in Niederbayern.
Anreise und Rückfahrt: Straubing besitzt einen Bahnanschluss. Rückkehrmöglichkeit von Neufahrn i. N. nach Straubing mit der Bahn.
Streckenverlauf: Geiselhöring: 18 km; Mallersdorf: 13 km; Neufahrn i. N.: 7 km.
Kombination: In Straubing Anschluss an Tour 22 und 23, in Neufahrn an Tour 27.
Wegweisung: Die Wegweiser das Labertal-Radweges.
Karte: ADFC-Radtourenkarte 1 : 150 000, Blatt 23 »Bayerischer Wald – Donau«.

Tourenverlauf

Im Zentrum von **Straubing** über den Theresienplatz zur großen Kreuzung. Hier rechts abwärts und an der nächsten Ampel links in die Frauenbrünnlstraße. An der Weggabelung nach

links und durch den Stadtpark. Nach dem Tierpark durch eine Unterführung auf die linke Seite der Hauptstraße. Nach zwei Kilometern rechts nach **Rinkam**, auf der Ortsdurchfahrt nach links und linkshaltend nach **Attling**. Am Ortsende auf einer Vorfahrtsstraße links nach **Wiesendorf**. Bei den ersten Häusern links nach **Radldorf**, dort auf einer Vorfahrtsstraße nach rechts. Bald links, über die Gleise und geradewegs durch **Pilling**. Nach der Siedlung rechts und einen Kilometer nach der Bahnunterführung scharf rechts in eine schmale Straße. An der folgenden Weggabelung wieder rechts und geradeaus zu einer Vorfahrtsstraße. Links führt ein kurzer Abstecher nach **Geiselhöring**.

Dort jedoch geradeaus über **Greißling** nach **Eitting**. Nach dem Dorf geradewegs nach **Habelsbach**. Am Ortsrand rechts auf eine Nebenstraße und vor den letzten Häusern linkshaltend in einen Wirtschaftsweg. Auf ihm zu einer Vorfahrtsstraße und rechts zu einer Kreuzung in **Grafentraubach**. Hier links Richtung Mallersdorf und am Ortsende rechts auf schmaler Straße nach **Mallersdorf**. Rechts oben liegt die Kirche des 1107 erbauten Klosters mit romanischem Portal und reicher spätbarocker Ausstattung. Von Mallersdorf geradewegs auf der Hauptstraße in das nahe **Pfaffenberg**. Am Marktplatz nach links und nahe der Barockkirche von **Niederlindhart** rechts nach **Oberlindhart**. Geradewegs durch den Ort, zweimal die Bahnlinie queren und danach auf der Hauptstraße links in das Ortszentrum von **Neufahrn in Niederbayern**.

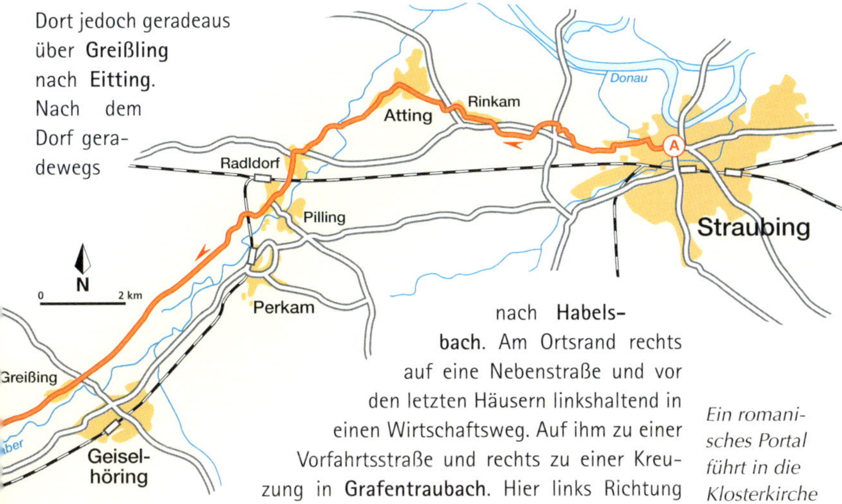

Essen und Trinken: In Geiselhöring, Grafentraubach, Mallersdorf-Pfaffenberg und Neufahrn.
Unterkunft: Geiselhöring: Mehrere Gasthöfe; Grafentraubach: Gasthof Littich, Tel. 08772/348; Mallersdorf-Pfaffenberg: Gasthof Erl-Bräu, Tel. 08772/5341.
Sehenswertes: Straubing: Siehe Tour 22; Geiselhöring: Altstadt mit Rathaus und Pfarrkirche; Mallersdorf: Kloster mit Klosterkirche; Neufahrn i.N.: Schloss.
Tourist-Info: Straubing: Amt für Tourismus, Tel. 09421/944307; Geiselhöring: Stadtverwaltung: Tel. 09423/94000; Mallersdorf-Pfaffenberg: Marktverwaltung, Tel. 08772/8070.

Ein romanisches Portal führt in die Klosterkirche von Mallersdorf.

mittel	
31 km	
↑ 140 m ↓ 160 m	
3 Std.	

Von Neufahrn in Niederbayern nach Landshut

Neufahrn in Niederbayern – Markt Ergoldsbach – Mirskofen – Altheim – Landshut

Vom Tal der Kleinen Laber leitet diese Etappe über einige Hügel zur Isar. Dort begeistert die alte Residenzstadt Landshut mit einem der schönsten mittelalterlichen Straßenzüge in Deutschland, mit dem kunstreichen Münster, der Burg Trausnitz und weiteren Sehenswürdigkeiten.

Tipp Rund um die Landshuter Altstadt gibt es eine Reihe empfehlenswerter, nicht allzu teurer Unterkünfte wie z. B. das Brauereigasthaus Zur Insel in der Badstraße (Tel. 0871 / 222 96 oder 267 03), das Hotel Weihenstephaner Stuben in der Nikolastraße (Tel. 0871 / 627 69) oder das Hotel Parkcafé in der Papiererstr. (Tel. 0871 / 693 39 36).

Tourenverlauf

Wir fahren im Ortszentrum von **Neufahrn i. N.** unter der Bahnlinie hindurch, anschließend wenige Meter bergauf und treffen auf den Isar-Laber-Radweg. Die Schilder leiten uns in die zweite Straße, die rechts abgeht. Wir folgen der kurvigen Vorfahrtsstraße aus dem Ort und radeln dann am linken Talrand nach **Jellenkofen**. Noch vor Markt Ergoldsbach

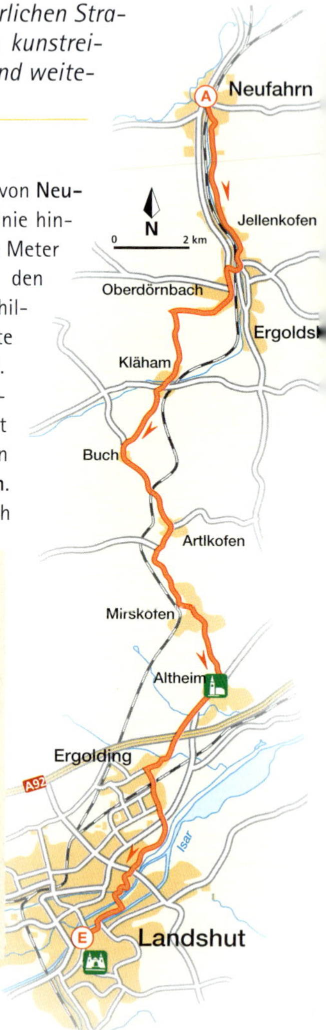

Tourencharakter: Auf wenig befahrenen Straßen vom Tal der Kleinen Laber über einige Hügelkuppen in das Isartal, in dem das kunstreiche Landshut mit seiner herrlichen Altstadt liegt.
Ausgangspunkt: Das Ortszentrum von Neufahrn in Niederbayern.
Endpunkt: Das Stadtzentrum von Landshut.
Anreise und Rückfahrt: Neufahrn i. N. liegt nördlich von Landshut, bzw. nördlich der A 92 an der B 15 und ist mit der Bahn zu erreichen. Rückkehrmöglichkeit von Landshut nach Neufahrn i. N. mit der Bahn.
Streckenverlauf: Markt Ergoldsbach: 6 km; Ergolding: 18 km; Landshut: 7 km.
Kombination: In Neufahrn i. N. Anschluss an Tour 26, in Landshut an Tour 28.
Wegweisung: Die Wegweiser des Isar-Laber-Radweges und örtliche Wegweiser.
Karte: ADFC-Radtourenkarte 1 : 150 000, Blatt 23 »Bayerischer Wald – Donau«.

Essen und Trinken: In Markt Ergoldsbach, Mirskofen, Ergolding und Landshut.
Unterkunft: Markt Ergoldsbach: Hotel-Gasthof Dallmayer, Tel. 0871 / 12 10; Ergolding: Hotel Rosenhof, Tel. 0871 / 97 58 00; Gasthof Meyer, Tel. 0871 / 734 07; Landshut: Große Auswahl an Hotels, Gasthöfen und Pensionen.
Preiswerte Unterkunft: Landshut: Jugendherberge Ottonianum, Tel. 0871 / 234 49.
Camping: Landshut: Campingplatz Mitterwöhr, Tel. 0871 / 533 66.
Sehenswertes: Bei Altheim: Kirche St. Andreas mit gotischen Fresken. Landshut: Altstadt mit Bürgerhäusern, Münster, weiteren Kirchen, Stadtresidenz, Rathaus und Burg Trausnitz.
Tourist-Info: Ergolding: Marktverwaltung, Tel. 0871 / 760 30; Landshut: Verkehrsverein, Tel. 0871 / 92 20 50.

biegen wir rechts in ein Sträßchen ein, das uns unter den Gleisen hindurch zur Hauptstraße führt. Auf ihr kurz nach links und dann rechts in eine Seitenstraße. Vor der Bahnlinie halten wir uns rechts und radeln am Bahnhof vorbei durch **Markt Ergoldsbach**.

Wir finden rechts die Dörnbachstraße, die uns ansteigend aus dem Ort führt. Noch bevor wir den Weiler Oberdörnbach erreichen, biegen wir links ab und fahren über einen steilen Berg auf eine Hügelkuppe. Anschließend bringt uns eine Abfahrt hinab nach **Kläham**. Im Ort dem Vorfahrtssträßchen folgend bis zur Hauptstraße und auf ihr kurz nach rechts. Am Ortsende finden wir links eine schmale Straße, die uns auf einen Hügelkamm hinaufführt. Oben halten wir uns links, fahren am Weiler **Buch** vorbei und lassen die Räder nach **Artlkofen** rollen.

Auf dem Hauptsträßchen radeln wir rechtshaltend durch das Dorf und wechseln nach dem Ortsende geradewegs auf eine Vorfahrtsstraße, der wir über **Ginglkofen** nach **Mirskofen** folgen. Wir radeln auf der Hauptstraße durch den Ort bis wenige Meter vor der B 15. Hier biegen wir rechts in das nach Altheim ausgeschilderte Sträßchen und fahren rechts der Bundesstraße bis zur großen Genossenschaftsbrennerei. Wenige Meter zuvor sollte man jedoch nicht den Abzweig nach rechts verpassen, der zur nahen St. Andreas-Kirche führt. In stiller Abgeschiedenheit liegt das im Kern romanische Gotteshaus, das im gotischen Stil verändert wurde. Im Inneren

Am Ortsrand von Altheim liegt die Kirche St. Andreas.

Landshut
Die »Altstadt« genannte Straße, die als schönster mittelalterlicher Straßenzug in Deutschland gilt, ist das Herz der alten bayerischen Residenzstadt **Landshut**. Hier hatte Ludwig der Reiche 1475 für seinen Sohn die aufwändige Landshuter Fürstenhochzeit ausgerichtet, die in Erinnerung an dieses außergewöhnliche Fest alle vier Jahre nachgestellt wird.
Zwischen Altstadt und der nahezu parallel verlaufenden »Neustadt« liegt die Mitte des 16. Jhs. erbaute Stadtresidenz. Um einen Hof gruppieren sich die im Stil der Renaissance errichteten Gebäude dieses einzigen Palazzos nördlich der Alpen. Der mit prächtigen Fresken ausgeschmückte Italienische Saal bildet den Höhepunkt der reich ausgestatteten Räume. In der Stadtresidenz ist das Stadtmuseum untergebracht. Im Süden der Neustadt liegt die Barockkirche St. Ignatius mit herrlichem Stuck und wertvollem Hochaltar. Die im 18. Jh. umgebaute Kirche St. Blasius ist von J. B. Zimmermann mit hervorragendem Stuck und einem großen Freskenzyklus ausgestattet worden.
Jenseits der Isar liegt das Zisterzienserinnenkloster Seligenthal mit prächtiger Barockkirche. Über der Altstadt thront die mächtige, ab 1204 erbaute Burg Trausnitz. Sie zählt zu den wertvollsten und besterhaltenen Burgen in Deutschland. Über die Jahrhunderte wurde sie immer wieder verändert und 1578 im Stil der Renaissance zum Schloss umgebaut. Es entstanden die herrlichen Arkadenbögen und die einzigartigen Fresken der so genannten Narrentreppe, die Figuren der Commedia dell'Arte darstellen. Ein Kleinod ist außerdem die mittelalterliche Burgkapelle mit einem Kruzifix und Figuren, die um 1250 entstanden.

Rechts: In der Altstadt in Landshut.

findet man eindrucksvolle spätgotische Fresken, die die Wände nahezu vollständig bedecken.
Von der Brennerei am Ortsrand von **Altheim** folgen wir rechts auf einem Parallelsträßchen der Bundesstraße. Es führt bei der Anschluss-Stelle Landshut-Essenbach unter der A 92 hindurch und bringt uns zum Ortsrand von **Ergoldsbach**. Dort halten wir uns links und folgen dem Sträßchen, das die Eisenbahnlinie und die autobahnähnlich ausgebaute B 15 quert. Es führt uns bis zum Isardamm. Über eine nahe Treppe kann man hier zur Dammkrone aufsteigen und dann rechts, flussaufwärts, mit schönem Blick auf den Isarstausee nach Landshut radeln. Bequemer ist der Weg, der noch vor dem Damm nach rechts führt. Beide Varianten treffen im Landshuter Ortsteil **Piflas** wieder zusammen.
Wir wechseln geradewegs auf eine Teerstraße und queren die Bundesstraße. Wenige Meter weiter schwenkt die Straße rechts in ein Wohngebiet. Bei nächster Gelegenheit halten wir uns links und folgen dem kurvigen Sträßchen bis an den Rand der Flussaue. Wir biegen links auf einen Teerweg, der uns über das Flüsschen Pfettrach führt. Nach einem kurzen Anstieg halten wir uns rechts und biegen an der nächsten Kreuzung nach links. Jetzt radeln wir geradewegs über den Isar-Seitenarm und dann geradeaus bis zum Nordufer der Isar. Wir folgen dem Isar-Radweg rechts in Richtung Stadtmitte, bis wir am Rand der Altstadt auf einem Wehr den Fluss überqueren und rechts zur gotischen Heilig-Geist-Kirche radeln. Links führt die »Altstadt« genannte Straße in das Zentrum von **Landshut**.

Das Landshuter Münster
Vorbei an stattlichen Bürgerhäusern und dem mittelalterlichen Rathaus mit Prunksaal zieht die »Altstadt« zum riesigen Münster, das als eine der bedeutendsten spätgotischen Kirchen gilt. Ihr 131 Meter hoher Turm ist das höchste Backsteinbauwerk weltweit. Fünf Portale mit reichem Figurenschmuck leiten in das Innere. Dort findet man die wertvolle, überlebensgroße spätgotische Landshuter Madonna. Hervorragende Kunstwerke im spätgotischen Stil sind außerdem der Hochaltar, die Kanzel, das Chorgestühl, das große Kruzifix und eine Anzahl von Grabmälern in den Seitenkapellen.

ATLASREISEN
EIS

leicht

49 km

↑ 20 m
↓ 60 m

4 Std.

Von Landshut nach Landau

Landshut – Niederaichbach – Niederviehbach – Loiching – Dingolfing – Mamming – Landau

Von der herrlichen Altstadt von Landshut leitet diese ruhige Etappe am rechten Ufer der Isar flussab. Dörfer und Städte wie Niederviehbach und Dingolfing werden nur am Rande gestreift, lohnen jedoch für Einkehr und Besichtigung kurze Abstecher.

Tourenverlauf

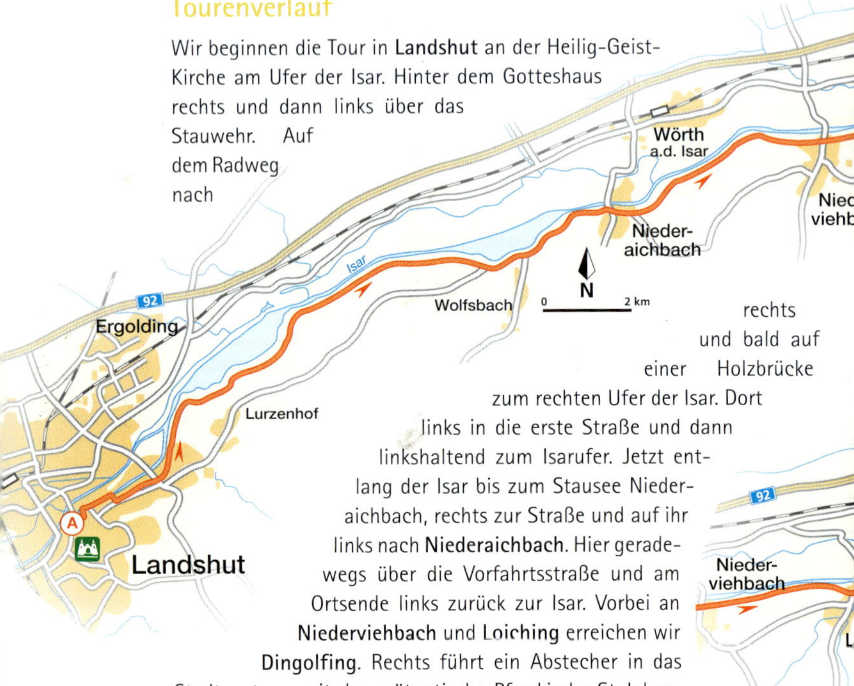

Wir beginnen die Tour in **Landshut** an der Heilig-Geist-Kirche am Ufer der Isar. Hinter dem Gotteshaus rechts und dann links über das Stauwehr. Auf dem Radweg nach rechts und bald auf einer Holzbrücke zum rechten Ufer der Isar. Dort links in die erste Straße und dann linkshaltend zum Isarufer. Jetzt entlang der Isar bis zum Stausee Niederaichbach, rechts zur Straße und auf ihr links nach **Niederaichbach**. Hier geradewegs über die Vorfahrtsstraße und am Ortsende links zurück zur Isar. Vorbei an **Niederviehbach** und **Loiching** erreichen wir **Dingolfing**. Rechts führt ein Abstecher in das Stadtzentrum mit der spätgotische Pfarrkirche St. Johan-

Tourencharakter: Ohne Anstrengung meist auf Kieswegen am rechten Ufer der Isar entlang.
Ausgangspunkt: Das Stadtzentrum von Landshut.
Endpunkt: Die Isarbrücke in Landau.
Anreise und Rückfahrt: Landshut liegt nahe der A 92 und ist problemlos mit der Bahn zu erreichen. Rückkehrmöglichkeit von Landau nach Landshut mit der Bahn.
Streckenverlauf: Niederaichbach: 16 km; Dingolfing: 15 km; Mamming: 9 km; Landau: 9 km.
Kombination: In Landshut Anschluss an Tour 27, in Landau an Tour 29.
Wegweisung: Die Wegweiser des Isar-Radweges.
Karte: ADFC-Radtourenkarte 1 : 150 000, Blatt 23 »Bayerischer Wald – Donau«.

Essen und Trinken: In Niederaichbach, Niederviehbach, Loiching, Dingolfing, Gottfrieding, Mamming und Landau.
Unterkunft: Niederaichbach: Pension Kirchenwirt, Tel. 08702 / 14 32; Niederviehbach: Gasthof zum Binderbräu, Tel. 08702 / 22 55; Gasthaus Loichinger, Tel. 08702 / 23 73; Loiching: Pension Scheugenpflug, Tel. 08731 / 84 05; Dingolfing und Mamming: Jeweils mehrere Hotels und Gasthöfe.
Camping: Mammingerschwaigen (nördlich Mamming): Campingplatz Mossandl-Weiher. Tel. 09955 / 930 50; Rappensberg bei Landau: Camping auf dem Bauernhof Fam. Lex, Tel. 09951 / 593 42.
Sehenswertes: Niederaichbach: Schloss; Niederviehbach: Kloster; Kirche mit Pfarrstadl; Dingolfing: Altstadt mit Herzogsburg, Hochbrücke, Pfarrkirche und Türmen; Usterling: Kirche; Zulling: Kirche mit »Teufelstritt«; Landau: Altstadt mit Kirchen, Herzogsschloss und Museen.
Tourist-Info: Dingolfing: Stadtverwaltung, Tel. 08731 / 501 25; Mamming: Gemeindeverwaltung, Tel. 09955 / 931 10; Landau: Stadtverwaltung, Tel. 09951 / 94 10.

nes in der Unterstadt. In der malerischen Oberstadt beherbergt das 1421 erbaute Herzogsschloss das Museum zur Stadtgeschichte. Anschließend radeln wir immer nahe der Isar vorbei an **Gottfrieding, Mamming, Benkhausen, Usterling** und **Zulling** zur Isarbrücke in Landau. Rechts führt uns die Hauptstraße hinauf in das Zentrum von **Landau**. In der barocken Pfarrkirche und in der Friedhofskirche Heilig Kreuz findet man einige spätgotische Bildwerke. Besuchenswert ist vor allem das ehemalige Herzogsschloss, der so genannte »Kastenhof«, mit dem Niederbayerischen Vorgeschichtsmuseum.

Malerische Rastplätze laden immer wieder zu einer Pause ein.

Tipp Unterkunft bieten in Landau das Aparthotel Isarpark (Tel. 09951 / 981 90), das Gästehaus Numberger (Tel. 09951 / 980 20), der Gasthof Zur Post (Tel. 09951 / 594 41) und der Gasthof Reitinger (Tel. 09951 / 593 26).

leicht

39 km

↑ –
↓ 40 m

3 ¼ Std.

Von Landau nach Niederalteich am Donau-Radweg

Landau – Ettling – Plattling – Maxmühle – Niederalteich

Immer nahe der Isar führt uns diese Etappe auf ruhigen Kieswegen nach Plattling. Dort beginnt der Weg durch wilde Flusslandschaften an der Mündung der Isar in die Donau, ehe wir an der Fähre von Niederalteich wieder den Donau-Radweg erreichen.

Tourencharakter: Auf Kieswegen ohne Anstrengung am Ufer der Isar entlang und durch das Naturschutzgebiet an der Isarmündung.
Ausgangspunkt: Die Donaubrücke in Landau.
Endpunkt: Niederalteich am Donau-Radweg.
Anreise und Rückfahrt: Landau liegt nahe der A 92 und ist mit der Bahn zu erreichen. Vom südlich von Niederalteich gelegenen Osterhofen (siehe Tour 24) ist die Rückkehr nach Landau mit der Bahn möglich.
Streckenverlauf: Ettling: 10 km; Isarbrücke Plattling: 10 km; Maxmühle: 7 km; Niederalteich 12 km.
Kombination: In Landau Anschluss an Tour 28, in Niederalteich an Tour 24.
Wegweisung: Die Radwegweiser des Isar-Radweges.
Karte: ADFC-Radtourenkarte 1 : 150 000, Blatt 23 »Bayerischer Wald – Donau«.

Tourenverlauf

Wir beginnen die Tour an der Isarbrücke in **Landau** und folgen dem Isarradweg, der uns an **Unterframmering** und **Zeholfing** vorbei führt. Wir erreichen das **Kraftwerk bei Ettling** und wechseln auf dem Stauwehr auf die linke Flussseite. Dort halten wir uns rechts und folgen der Beschilderung des Isarradweges, die uns über den neu angelegten Dammweg leitet. Eine Straßenbrücke bringt uns bald zum rechten Isarufer zurück. Wir halten uns links und radeln an **Niederpöring** vorbei am Isarufer bis zur **Staustufe Plattling**. Von hier geradwegs auf einer Teerstraße zur B 8, kurz nach rechts und links auf einer Seitenstraße zum Friedhof. Das beeindruckende frühromanische Gotteshaus auf dem Friedhof war einstmals Pfarr-

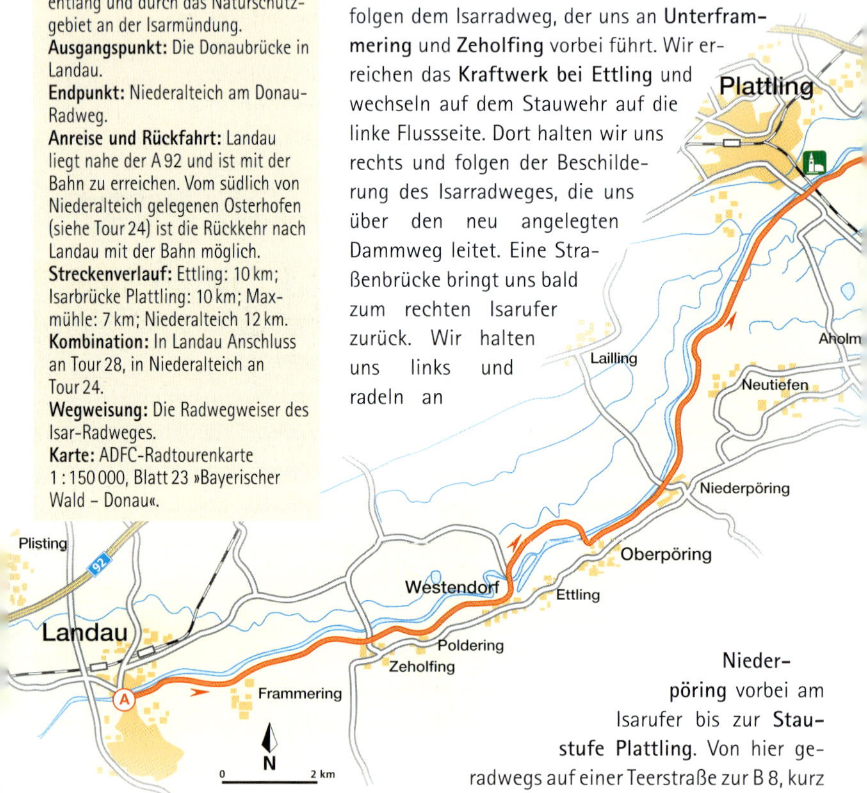

kirche von Plattling. Nun rechts um den Friedhof herum und der Beschilderung des Isar-Radweges folgend im Zick-Zack nach Maxmühle. In **Maxmühle** auf der schmalen Teerstraße links zum Gasthaus Grafenmühle und zum Infohaus Isarmündung mit Wissenswertem zum Naturschutzgebiet an der Isarmündung.

Auf der schmalen Straße geradewegs nach **Isarmünd**, dort rechts (Ww. Grieshaus) auf eine Sandstraße und bald auf einer Teerstraße links zur **Wirtschaft Grieshaus**. Hinter dem Gasthaus auf einem Steg rechts über einen Kanal und nach wenigen Metern auf einem Schottersträßchen am Damm entlang. Nach einem Rechtsknick geradewegs auf einem Teersträßchen nach **Thundorf** oder kurz vor dem Ort scharf links zur nahen Radlerfähre nach **Niederalteich**.

Tipp Zwei gemütliche Biergärten laden im letzten Abschnitt der Etappe zu einer Rast ein. Das Gasthaus Grafenmühle gegenüber dem Infohaus Isarmündung in Maxmühle bietet zusätzlich auch Übernachtungsmöglichkeiten (Tel. 09938 / 531). Nördlich von Isarmünd liegt der beliebte Gasthof Grieshaus am Weg.

Ein kurzer Abstecher zu den Gasthöfen und Biergärten in Plattling.

Essen und Trinken: In Ettling, Niederpöring, Plattling, an der Grafenmühle, im Grieshaus und in Niederalteich.
Unterkunft: Ettling: Gasthaus Plankl, Tel. 09937 / 207; Plattling: Mehrere Hotels und Gasthöfe; Niederalteich: Große Auswahl an Pensionen und Privatzimmern.
Camping: Niederalteich: Siehe Tour 24.
Sehenswertes: Plattling: Romanische Friedhofskirche; Maxmühle: Infozentrum Isarmündung; Grieshaus: Naturschutzgebiet Untere Isar; Niederalteich: Kloster.
Tourist-Info: Plattling: Rathaus, Tel. 09931 / 708 66; Niederalteich: Verkehrsamt, Tel. 09901 / 66 55.

leicht

35 km

↑ 70 m
↓ 70 m

3 Std.

VON PASSAU NACH SCHÄRDING UND ZURÜCK

Passau – Wernstein – Schärding – Neuhaus am Inn – Neuburg am Inn – Passau

Von der herrlichen, auf einer Landzunge zwischen Donau und Inn gelegenen Altstadt von Passau führt uns dieser Weg nach Süden. Hier locken die »Vornbacher Enge«, ein romantisches, von Burgen überragtes Durchbruchstal des Inn, und Schärding, das als schönste Barockstadt Österreichs gilt.

Tourenverlauf

Wir beginnen die Tour am Innufer der Altstadt von **Passau**. Um zum östlichen Innufer überzuwechseln, bieten sich zwei Möglichkeiten an. Entweder wir benutzen die Straßenbrücke, die unterhalb des Doms zur **Innstadt** hinüberführt. Dort halten wir uns rechts und folgen der Beschilderung des Inn-Radweges, die uns nahe am Museum im Kastell Boiotro vorbeiführt und uns zum Innufer leitet. Mit dem römischen Kastell befindet sich eine der Keimzellen von Passau also nicht auf der Altstadt-Halbinsel, sondern rechts des Inns in der so genannten Innstadt.

Tourencharakter: Großteils auf wenig befahrenen Nebenstrecken und Radwegen durch das enge, von Burgen bewachte Durchbruchstal des Inn.
Ausgangs-/Endpunkt: Im südlichen Stadtgebiet von Passau der so genannte »Fünferl Steg« über den Inn.
Anreise und Rückfahrt: Passau ist über die A 3 und mit der Bahn zu erreichen.
Streckenverlauf: Wernstein: 10 km; Schärding: 6 km; Neuburg a. Inn: 8 km; Passau: 11 km.
Kombination: In Passau Anschluss an Tour 29.
Wegweisung: Die Wegweiser des Inntal-Radweges.
Karte: ADFC-Radtourenkarte 1 : 150 000, Blatt 23 »Bayerischer Wald – Donau«.

Blick über die grünen Fluten des Inn zum Barock-Schloss von Neuhaus.

Die zweite Routenmöglichkeit am Anfang dieser Tour folgt von der Altstadt dem Westufer des Inns ein kurzes Stück flussauf. Bald erreicht man den so genannten **»Fünferl Steg«**, auf dem man zum Ostufer des Inns übersetzen kann. Hier finden die beiden Wegvarianten wieder zusammen. Zwischen Fluss und Bahnlinie radeln wir mehrere Kilometer auf ruhiger Strecke am Fuße bewaldeter Hänge entlang und treffen kurz vor Wernstein auf eine Teerstraße, auf der wir rechts durch den Ort radeln. In **Wernstein** bewacht die auf einem Fels erbaute mittelalterliche Burg die Flussenge. Sehenswert ist außerdem die spätgotische Pfarrkirche St. Georg. Neben der im Privatbesitz befindlichen Burg, die nicht besichtigt werden kann, bietet sich an der großen Mariensäule von 1646 ein herrlicher Rastplatz. Gegenüber erhebt sich über dem steilen Waldhang die zum Renaissance-Schloss umgebaute Burg von Neuburg am Inn, deren Bauten zum Großteil im 14. Jh. entstanden.

Am Ortsende von Wernstein wird die Bahnlinie überquert und die Straße führt uns im Auf und Ab abseits des Flusses durch Wiesen bis zum Ortsrand von Schärding. Dort biegen wir rechts ein, queren die Bahnlinie und radeln an Inn und dem Nebenfluss Pram entlang bis zur Straßenbrücke. Wir fahren rechts über die Pram und folgen der Hauptstraße, die uns durch ein Stadttor in die Altstadt von **Schärding** führt. An der Straßengabelung halten wir uns links und radeln zum Stadtplatz hinauf. Schon früh

Tipp Im herrlichen barocken Stadtzentrum von Schärding kann man z. B. am Unteren Stadtplatz im Romantik-Hotel Forstingers Wirtshaus (Tel. 0043 / 77127 / 23 02–0) und in der Silberzeile in der Weinstube beim Lachinger (Tel. 0043 / 7712 / 22 68) sowohl einkehren als auch übernachten.

war die Halbinsel, die Inn und Pram umschließen, besiedelt. Im Mittelalter wuchs an diesem bevorzugten Platz eine wohlhabende Stadt, die vom Handel auf Inn, Donau und Salzach profitierte. In geschlossener, farbenfroher Front umstellen die barocken Bürgerhäuser mit ihren geschwungenen Giebeln den Stadtplatz. Sie brachten Schärding den Ruf der schönsten Barockstadt Österreichs ein. Deutlich ist der Reichtum abzulesen, den der Handel mit Salz und anderen Waren einbrachte. So ist der Name Silberzeile, den der Straßenzug trägt, zu erklären. Reich gefüllt mit Silbermünzen waren die Säckel der betuchten Händler, die sich hier ihre prächtigen Bürgerhäuser bauen ließen. Von der alten Stadtbefestigung sind ei-

Das Römermuseum im Kastell Boiotro erläutert die frühe Geschichte von Passau.

nige Abschnitte erhalten geblieben. Das mächtige Linzer Tor und das Wassertor markieren die einstige Stadtgrenze, im Burgtor ist das städtische Museum untergebracht und im Schlosstor das Heimatmuseum.

Am Ende des Stadtplatzes folgen wir rechts der Beschilderung nach Neuhaus, überqueren den Inn und biegen am Westufer in die erste Straße zur Rechten. Wir fahren am Fluss entlang zum Wasserschloss am Rande von **Neuhaus**. Schon im Mittelalter stand hier am Ufer des Inns eine von Wasser umgebene Burg, die Mitte des 18. Jahrhunderts zum ausladenden Barock-Schloss umgebaut wurde. Nach dem Schloss, das heute ein Kloster beherbergt, halten wir uns rechts und erreichen nach 500 m eine breite, vorfahrtsberechtigte Straße. Jenseits finden wir die Fortsetzung unseres schmalen Weges, der uns durch ruhiges Bauernland leitet. An der folgenden Wegkreuzung halten wir uns rechts, radeln bald nahe des Inn über einen Bach und erreichen in **Vornbach** eine Vorfahrtsstraße. Sie führt uns rechts bis vor die Gebäude der ehemaligen Benediktinerabtei. Das im Mittelalter gestiftete Kloster wurde im 18. Jh. zu einem großzügigen Barockbau umgestaltet. Die Klosterkirche ist mit barocken Altären, Fresken und Stuck ausgestattet. In den Seitenkapellen findet man zwei sehenswerte spätgotische Schnitzwerke und den wertvollen Grabstein der Klosterstifter aus dem 14. Jh.

Vor dem Klostertor fahren wir kurz nach links und biegen danach rechts in einen Wirtschaftsweg, der uns zurück zum Inn führt. Auf schöner Strecke radeln wir am Fuße eines steilen, bewaldeten Hanges am Fluss entlang. Bald ragen über uns die Felsen des beliebten Klettergartens auf und die mächtige, zum Schloss umgebaute Burg von Neuburg ist hoch über uns zu erahnen. Eine Besichtigung erfordert jedoch einige Mühen, denn nur ein anstrengender Anstieg auf steiler Straße öffnet den Weg hinauf zum Schloss. Wir folgen daher weiterhin dem stillen Weg, der am linken Ufer des Inn entlang läuft. Nach einigen Kilometern ist der Stadtrand von Passau erreicht und der Weg schwenkt vom Ufer weg, um am Ausgangspunkt unserer Tour, dem »Fünferl Steg«, wieder auf den Inn zu stoßen. Geradeaus geht es von hier zurück in die Altstadt von **Passau** (siehe Tour 25). Hält man sich neben dem Steg links, ist der Bahnhof von Passau bald erreicht.

Essen und Trinken: In Wernstein, Schärding, Neuhaus a. Inn, Neuburg a. Inn und Passau.
Unterkunft: Wernstein: Größere Auswahl an Gasthöfen und Pensionen; Schärding: Große Auswahl an Hotels, Gasthöfen und Pensionen; Neuhaus a. Inn: Hotel Alte Innbrücke, Tel. 08503 / 80 01; Pension W. Schacherbauer, Tel. 08503 / 589; Vornbach: Pension Ch. Urlberger, Tel. 08503 / 80 57; Neuburg a. Inn: Mehrere Gasthöfe und Pensionen; Passau: Große Auswahl an Hotels, Gasthöfen und Pensionen.
Camping: Passau: Siehe Tour 25.
Sehenswertes: Wernstein: Burg Wernstein, Pfarrkirche und das »Vornbacher Enge« genannte Durchbruchstal des Inn; Schärding: Barocke Altstadt und Stadtbefestigung; Neuhaus a. Inn: Schloss; Vornbach: Kloster; Neuburg a. Inn: Renaissanceschloss.
Tourist-Info: Wernstein: Tourismusverband, Tel. 0043 / 7713 / 69 63; Schärding: Tourismusverband, Tel. 0043 / 7712 / 430 00; Neuhaus a. Inn: Fremdenverkehrsamt, Tel. 08503 / 911 10; Neuburg a. Inn: Gemeindeverwaltung, Tel. 08507 / 900 80; 94032 Passau: Tourist Information, Tel. 0851 / 95 59 80.

Zeichenerklärung:

mittel Schwierigkeitsgrad	**90 m** ↑ **90 m** ↓ Höhenunterschied	Rundtour
63 km Streckenlänge	**5 Std.** Reine Fahrtzeit (ca.)	Bahnhof

Kartenlegenden:

Autobahnen	Ausgangs- und Endpunkt der Tour	Prähistorische Anlagen
Verkehrsreiche Bundes- und Landstraßen	S- und U-Bahn	Sonstiger Anziehungspunkt
Verkehrsarme Nebenstraßen	Parkplatz	Gasthof / Café
Verkehrsfreie Teer- und Schotterwege	Nordpfeil und Maßstab (0 – 1 km)	Bademöglichkeit
Eisenbahn	Kirche, Kapelle	Aussichtspunkt
Routenführung	Kloster	Rundsicht
Alternativroute	Schloss / Burg	Flugplatz
Richtungspfeil	Museum	Moorgebiet
		Turm / Aussichtsturm
		Funk- / Sendeanlagen

Tourenheft:

Sehenswerte Kirche	Ansonsten sehenswert	schöne/weite Aussicht
Schloss/Burg	Gasthof/Café	Alternative Abstecher
Museum	Badegelegenheit	Achtung! Gefahrenquelle
	reizvolle Landschaft	

REGISTER

DER AUTOR
Bernhard Irlinger, geb. 1959 in Berchtesgaden, Studium der Geografie, arbeitete als freier Journalist u. a. für die Bergsteigerredaktion des Bayerischen Rundfunks. Neben der sportlichen Betätigung in freier Natur gilt sein Interesse der Kultur und Geschichte vor allem Nordeuropas. In der Reihe Wandern & Erleben hat er die Bände Allgäu, Irland, Schottland und Schwarzwald veröffentlicht. Außerdem liegen die Radführer Toskana und Irland vor.

Eine Produktion des Bruckmann-Teams, München
Lektorat: Dr. Renate Dernedde, Diana Thaler
Herstellung: Hubert Bertele und Team
Layout und Satz: Rüdiger Wagner, Nördlingen
Kartografie: Anneli Nau, München
Umschlaggestaltung: Studio Schübel

Bildnachweis
Alle Fotos im Innenteil und auf der Umschlagvorder- und Umschlagrückseite vom Autor.

Alle Angaben dieses Werkes wurden vom Autor sorgfältig recherchiert und auf den aktuellen Stand gebracht sowie vom Verlag auf Stimmigkeit geprüft. Für die Richtigkeit der Angaben kann jedoch keine Haftung übernommen werden. Für Hinweise und Anregungen sind wir jederzeit dankbar. Bitte richten Sie diese an den Bruckmann Verlag, Lektorat, Postfach 80 02 40, 81602 München, E-Mail lektorat@bruckmann.de.

Gedruckt auf chlorfrei gebleichtem Papier

Die Deutsche Bibliothek – CIP Einheitsaufnahme
Ein Titeldatensatz für diese Publikation ist bei
Der Deutschen Bibliothek erhältlich.

Gesamtverzeichnis gratis:
Bruckmann Verlag GmbH, 81664 München
Internet: www.bruckmann.de

Printed in Italy by Printer Trento S. r. l.
ISBN 3-7654-3388-8